藤岡信勝
Nobukatsu Fujioka

教科書抹殺

文科省は「つくる会」をこうして狙い撃ちした

新しい歴史教科書をつくる会

飛鳥新社

はじめに

本書は、文部科学省の、常識では考えられないほど偏向し腐敗した教科書検定の実態を暴く抗議と告発の書である。

２０２０年3月24日、文科省は２０１９年度に行われた中学校教科書の検定結果を発表した。しかし、それより3か月も前に検定が終わった教科書があった。自由社が発行する『新しい歴史教科書』である。２０１９年12月25日、同社は文科省から呼び出しを受け、ありがたくないクリスマス・プレゼントを受け取った。「検定不合格」を通告され、その理由書を交付されたのである。

日本の学校では、文科省の検定に合格した書籍でなければ教科書として使うことはできない。だから、不合格になった教科書は4月から始まる教科書の採択戦（各地の教育委員会や学校に教科書の採用を求める活動）に参加することもできない。

教科書にとって「検定不合格」とは死刑宣告に相当し、教科書としての抹殺を意味する。

本書は抹殺された教科書の著者たちが、自らの体験と実例に基づいて文科省の検定意見に反論し、文科省の教科書行政の異常さを明るみに出したものである。

第1部「文科省は『つくる会』の教科書をこうして抹殺した」では、文科省による「検定不合格」処分の経過と問題点を明らかにする。

ここで、「つくる会」とよばれているのは、正式名称を「新しい歴史教科書をつくる会」といい、１９９7年1月に発足した団体である。現在は一般社団法人となっている。国連にもJapan Society for History Textbookという英訳名で、協議資格を有する団体として登録されている。

「つくる会」が設立された切っ掛けは、前年、１９９6年の6月に中学校教科書の検定結果が発表され、全社の歴史教科書に、根拠のない「従軍慰安婦」強制連行説を前提とした記述が入ったことにあった。これに憤激した人々が結集し、日本の過去の歴史を悪逆非道に描く「自虐史観」を批判し、それに汚染されない教科書をつくろうという動きが起こった。こうして誕生したのが、『新しい歴史教科書』である。

『新しい歴史教科書』の初版は、二つの世紀をまたぐ形で２０００年度の検定に合格し、２００１年度の採択戦を経て、２００２年４月から学校で使われるようになった。その後も含めて合計５回にわたる検定をパスし現在に至った。６回目にして初めて「検定不合格」という処分を受けたことになる。一度合格した教科書が不合格になるケースはおそらく初めてである。

第２部「これが『不正検定』の実態だ　事例１００件」では、今回の検定が、極めて理不尽な言いがかり、こじつけ、揚げ足取りによって、意図的に「欠陥箇所」を積み上げた結果であり、それは「不正検定」にほかならないことを、１００の指摘事項の具体例によって明らかにした。本書の主要な内容をなす部分である。

検定不合格の理由は、「著しく欠陥箇所が多い」というものであった。欠陥箇所とされたのは４０５項目で、その中には、誤記・誤植の類や事実の間違いなども含まれているから、４０５項目の全てが不当だと言っているわけではない。

しかし、欠陥箇所の内容を仔細に見ると、それら単純ミスは少数であり、それだけで「著しく多い」などと言える数ではない。圧倒的多数は、「生徒が理解し難い表現である」「生徒が誤解するおそれのある表現である」という、検定意見を付ける教科書調査官の恣意や主観、思い込み、さらには悪意が利いてしまう項目で、それが292項目あり、何と指摘された欠陥箇所全体の72％を占めているのである。本書では、主にこの中から、著者としては到底承服できない極端な事例を100点選び完膚なきまでに反論した。

従って、本書に挙げられた100項目だけが問題なのではなく、それ以外にも不当な指摘事項は多数ある。405件の欠陥箇所の全ては、新設される〈文科省「不正検定」を正す会〉のホームページ（URL：fuseikentei.org）に掲載するので、本書と同時に出版される『検定不合格　新しい歴史教科書』（自由社刊）と突き合わせて、本書の100件の分析と同様の作業を、「文科省の教科書検定を検定する」国民検定として取り組んでいただくよう読者によびかける。

2020年3月24日に発表された中学校教科書のすべての検定結果は、驚くべきものであった。中学社会・歴史的分野の教科書では、新顔の山川出版社で、「従軍慰安婦」の用語が検定意見もつかずに復活したのである。さらに「南京大虐殺」についての中国人のあやしげな証言や、沖縄戦を「捨て石」作戦とよぶこともノーマークで通った。「従軍慰安婦」という用語の復活は、「従軍慰安婦」の記述への批判からスタートした「つくる会」の教科書を不合格にすることとセットであり、両者はコインの表裏をなす出来事であるといって差し支えない。歴史を20年以上逆戻りさせることが起こったのである。

さらに深刻な問題は、このことが他ならぬ安倍政権のもとで起こったことである。安倍政権は、四半世紀前、「従軍慰安婦」問題で自民党の若手議員を結集したグループが生まれ、それを基盤に誕生した。だからこそ、安倍政権は朝日新聞などの左翼メディアから徹底的に敵視・攻撃されてきたのである。安倍政権のこうした由来を知っている者にとっては、今回の自由社不合格と「従軍慰安婦」復活が政権へのあてこすりであり、文科官僚の反安倍政権クーデターであることは明らかである。「クーデター」という意味は、国民の歴史観を実質的に左右するヘゲモニーの所在が選挙で選ばれ国民の負託を受けた保守政治家から左翼官僚に移行するという意味である。

しかし、発足当初は「戦後レジームからの脱却」「日本を取り戻す」をスローガンにして保守層の支持を取り付けてきた安倍政権が、この間、外国人（多くは中国人）移民の導入、ヘイトスピーチ解消法やアイヌ新法の制定、はては習近平国賓招待など、その当初のスローガンとは真逆の政策を推進してきた。

この度(たび)の教科書検定問題では、安倍政権がこのクーデターを適切に鎮圧するのか、それとも官僚のいいなりになってクーデター勢力に加担するのかの瀬戸際にある。習近平国賓招待や武漢肺炎への対処に象徴的に表れた安倍政権の対中姿勢が最大限利用され、つけ込まれているのである。

検定結果発表前を理由に「ノーコメント」を貫いてきた萩生田光一(はぎうだこういち)文科大臣は、この「まえがき」執筆の時点では自由社不合格と「従軍慰安婦」の復活について何の見解も公表していない。もし、安倍政権が今回の教科書検定結果をこのまま容認するならば、安倍政権の掲げた理念の最終的な死を意味することに疑いの余地はない。

2020年3月31日

執筆者を代表して　藤岡信勝

目　次

■2 前回検定に合格した箇所でも平気で不合格に 他社なら合格 自由社だから不合格 87

■8 共産主義批判を許さない思想偏向 歴史的犯罪事実の隠蔽に奔走

■9 揚げ足取りと難クセで「欠陥箇所」量産 あの手この手の検定不合格工作 285

第1部

文科省は「つくる会」の教科書をこうして抹殺した

『新しい歴史教科書』代表執筆者　藤岡　信勝

１．検定「不合格」に至る経過

２０１９年11月５日　検定結果の通告

暑い夏もとうに去り、晩秋の気配が漂う２０１９（令和元）年11月５日、この日は２０１９年度に実施された教科書検定の結果が文部科学省から通告される日だった。私は、１９９７年に「新しい歴史教科書をつくる会」が創立されてから、同会が推進する中学社会歴史的分野の教科書の執筆者の一人として、過去に５回、同じ場面に立ち会っている。

通告は、「留保（りゅうほ）」と「不合格」の二つの可能性がある。「留保」とはどういうことかというと、合格・不合格の判定をこの段階では「留保」するという意味である。「留保」の場合、このあとの手続きは、

①文科省側から「検定意見書」という名称の、一覧表の書類が交付される。

②それに基づき、出版社側は教科書の内容を修正し、正誤表の形にして文科省に提出する。

③それに対し文科省の教科書調査官が、出版社を呼び出して、個々の項目について、これで良いとか、この修正ではダメだとか回答する。「1番、2番はよいが、3番はダメ」という具合である。

④出版社はダメ出しをされた項目について再度修正表を出し……という具合に、教科書調査官が「これでよし」と言うまでこのプロセスは繰り返される。

⑤そしてついに全ての項目がクリアされると、初めて「合格」の内定が出るという仕組みになっている。

⑥最終的には年度末(3月末。今回の場合は2020年3月24日)に開かれる教科用図書検定調査審議会総会で決定して公表される。もっとも、この総会は全教科の教科書の合否を決定するのだから、実質審議はない。一種のセレモニーである。

以上が通常の検定のプロセスである。

さて、この日、事務方から通告されたのは、「留保」ではなく「不合格」であった。しかし、私は少しも驚かなかった。なぜか。それを次に説明しよう。

「不合格」の二つのケース　「再申請」か「反論書」か

今までも「不合格」を宣告されたことはあった。初めは誰でもこの言葉を耳にするとひどく驚く。私もそうだった。しかし、この段階での「不合格」は、「いったん不合格」ということであり、「仮不合格」という意味である。

「不合格」の場合は、検定用の申請図書（通称は「白表紙本（しろびょうしぼん）」）そのものを作り直して、70日以内に再申請するのである。その後は通常の検定プロセスが始まる。それでも年度内には合格し、採択戦に臨むことができる。

だから、「不合格」と言われても、それでことが終わるのではなく、再申請して復活することが出来る。私が「不合格」という言葉に驚かなかったのは、そういうわけだったのだ。

しかし、この日は、その先が以前とは違っていた。事務方の担当者は、「反論される場合は、20日以内に反論書を提出して下さい」と言ったのである。こういう言葉を聞く経験は初めてだった。

これはどういうことかというと、「一発不合格」とでもよぶべき新しい制度が201

6年度から導入されており、つけられた検定意見の数が「著しく多い」場合は、「70日以内再申請」の復活ルートは認められず、反論権は形式的に与えられるものの、その反論を認めるかどうかも文科省側、即ち検定する側の自由裁量に任される。「著しく多い」とは申請図書の総ページ数の1・2倍以上と規則で定義されている。

つまり、同じ「不合格」（内容的には「仮不合格」）でも、程度の差があり、二つのケースがあることになる。右に傍線を引いた二つのルート、即ち、

(ア) 70日以内再申請ルート
(イ) 20日以内反論書提出ルート

の二つである。この処遇の法令上の根拠については、後で説明する。

405件の「欠陥箇所」

続いて教科書課の事務方から「不合格となるべき理由書」というタイトルがついた書類が渡された。書類は次の二つのパートから成っている。

1　検定審査不合格理由
2　欠陥箇所

2．欠陥箇所　　43 枚中 1 枚目

受理番号 31-31	学校 中学校	教科 社会	種目 社会（歴史的分野）	学年 1-3	
番号	指摘箇所 ページ	指摘箇所 行	指摘事項	指摘事由	検定基準
1	表見返		「日本の世界遺産」（全体）	生徒が誤解するおそれのある表現である。（文化遺産に限定されている。）	3-(3)
2	表見返	図	「⑱長崎と天草地方の潜伏キリシタン関連遺産（長崎県）」	生徒が誤解するおそれのある表現である。（「長崎県」）	3-(3)
3	表見返	写真	「⑩紀伊山地の霊場と参詣道」のタイトル中，「参詣道」のルビ「さんけいどう」	不正確である。	3-(1)

【図表1】

表紙を兼ねた一枚目の「1　検定審査不合格理由」は7行ほどの記述で、不合格の最大の理由として「欠陥が著しく多く、教科用図書として適切性を欠いている」と書かれている。

表紙をめくると、上部に「2　欠陥箇所」というタイトルが付いており、10個の欄が設けられている（【図表1】）。以下どのページも同じ形式である。全部で43枚もある。欠陥箇所が全体でいくつあるかを見るために最後のページを開くと、その最後の番号が「405」となっている。欠陥箇所405件！まことに大きな数だ。

「そんなはずはない」という思いが最初にこみ上げてきた。『新しい歴史教科書』は過去に5回の検定を受け、いずれも合格してきた。はじめの2回は扶桑社、あとの3回は自由社から発行された。

ただ、編集ソフトの不具合のため最終段階で大量の変換ミスを発生させてしまったことがあった（２００８年度。27ページ【図表2】参照）。教科書検定基準では「誤記・誤植」に分類される誤りであり、そのひとつひとつが検定意見の数にカウントされるから、合計で５００件以上の検定意見となった。

徹底した校正作業により製作

今回は、もちろん「誤記・誤植」が積み上がるというようなことはない。自由社は教科書製作に当たって二つの大方針を立てた。

一つ目の方針は、本文は現行版の記述を大きくは変えず、なるべくそのまま活かすことである。コラムの類（たぐい）も特に問題がなければ、できるだけそのまま活かすことにした。とはいえ、新版を出すのだから、全て旧来のままというのは退嬰的（たいえいてき）である。部分的には、今までに取り上げたことのない斬新な記事も入れることにした。執筆メンバーが一部変わったことも大きい。新しい知恵やアイディアを活かさない手はない。

二つ目の方針は、徹底した校正作業を行うことである。そのため、合計25回に及ぶ校正を繰り返した。そのうちの1回はメディアで仕事をしてきたベテランの校正マンによるものであり、数回は、「新しい歴史教科書をつくる会」の支部の会員有志がチームをつくって行った作業であった。ただし、本文の校正とコラムの校正を別々にやって、それを全て加えた回数である。ともあれ、校正は徹底してやった。だから、よもやこれほど多数の「欠陥」が生じるとは想像もできなかった。

「揚げ足取り」検定の醜悪さ

いったい、「欠陥箇所」には何が書かれていたのだろうか。

欠陥番号10では、「日本歴史の舞台」というグラビアの記述がやり玉に挙げられていた。「黒船来航で西洋文明の衝撃を受けた日本はこの150年間に工業立国をめざして成功しました」という記述が欠陥箇所とされた。「生徒が誤解するおそれのある表現である」というのだ。

どういう風に誤解するというのか分からなかったが、「黒船来航から今までが150年間だと誤解する」ということらしい。しかし、日本は黒船来航から直ちに工業立国を目指したわけではない。徳川時代の幕藩体制から、工業立国に邁進することが出来る近代国民国家に日本は脱皮する必要があった。そのために明治維新が必要だったのだ。「この150年」ということは今から遡って150年ということだから、計算すればすぐに分かるように、明治初年以来の150年を指している。この欠陥箇所なるものも典型的な揚げ足取りの産物に過ぎない（本書第2部**【事例3】**も参照）。

それに、決定的なことは、この記述が前回の検定を受けたときと全く同じものであり、前回は何の意見もつかず通っていた箇所だということだ。だから、教科書調査官がこれを問題にするのは全く不当だ。すでに検定に一度合格した記述まで標的にされたのでは、執筆者としては立つ瀬がない。「正解」とされる記述の指針が何もなくなるからだ。

後日、面接の場面で、4人の教科書調査官の在職年数を訊いてみた。最長が20年で最短が5年だった。ひとりを除く3人は、いずれも前回2014年度の検定に従事していた。自分たちが検定で合格させた記述を欠陥箇所に指定するとは何ごとか。申請本で欠陥というなら、現行版でも欠陥だということになる。もし、どうしてもこれが欠陥箇所だと言い張るなら、それを見逃した教科書調査官は職務怠慢と不明を恥じ、その責任を取って教科書調査官を辞職してから発言すべきだ。

民間の会社に責任を負わせ不合格にする。これ以上ない、恣意的な権力の乱用であり、「不正行為」と言って差し支えない。

今、一つだけ例をあげたが、これ以外の実例は、第2部の１００の事例をご覧いただきたい。

11月25日　１７５項目の「反論書」を提出

私たちは事務所に戻って、「つくる会」として緊急の役員会を開いた。このあとどうするか、方針を検討した。また、「つくる会」の理事の意見を聞いた。その中には、すぐにこの不正を暴露して戦うべきだという意見もあった。それは一理ある。紛(まぎ)れもなく不正が行われたのである。私たちには主張する権利がある。

しかし、反論書を提出しないことの説明を会員や支援者に対して行うことは極めて難しい。多くの人は「お上(かみ)」への幻想から無縁ではない。おそらくダメであろうと思えても、一縷(いちる)の望みがある以上、どうして最後まで努力をしなかったのかという責任が問われることになる。結局、私たち執筆者グループは、20日間のうちに大急ぎで１７５項目の反論書を作成し11月25日に提出した。４０５件の中から厳選して、半数近くの43％に当たる指摘箇所に異議申立をしたことになる。

そこで、常識的に考えて、少なくとも私たちに与えられた時間と同じ長さの時間で文科省側は作業をするだろうと予想した。ところが、11月25日から20日後の12月15日になっても少しも文科省から音沙汰がない。だんだん心配になって、その2日後、自由社に問い合わせてもらったところ、「今の段階でお知らせすることは何もありません」という回答だったという。ますますケシカラン話であると思っていた。

27ページの【図表2】をご覧いただきたい。これは今回の「つくる会」教科書抹殺事件をたった1枚で説明できる極めて重要な図表である。

これは「つくる会」の教科書の発行社が扶桑社から自由社に移って以来の教科書検定の流れを図示したものである。この図を見ると、「一発不合格」制度を導入したことの位置づけと、なぜ、無理に無理を重ねて、まるで絞り出すように405箇所もの欠陥箇所を積み上げようとしたのか、その動機がよくわかる。「一発不合格」制度こそが、今回の不正検定を可能にした諸悪の根源なのである。

まず、この図の組み立てから順番に説明しておこう。図の一番下に、学習指導要領の告示年が書かれている。左から、1998年告示、2008年告示、2017年告示、という三つの学習指導要領が今回の事件に関係する。学習指導要領はおよそ10年に一度改訂される。学習指導要領が改訂されると、それに基づいて教科書は必ず書き換えて検定を受けなければならない。図の四つの棒グラフの位置は、それぞれの検定がどの時期の学習指導要領に対応しているかを示す。

この棒グラフの高さは自由社の教科書が検定申請して、文科省から付けられた検定意見の数に比例する。2008年度検定は、自由社から教科書を出すようになって初めての検定申請であった。この時は、前述した編集ソフトの不具合によって、516箇所の検定意見がついたため、2008年度検定ではいったん不合格となった。検定意見の数が申請本の総ページを超えたからだ。

①留保……検定意見の数がページ数未満→検定意見交付→修正表提出

②不合格……検定意見の数がページ数以上→70日以内に教科書全体をつくり直して

　再申請

という分岐があるわけだ。しかし、この時は、70日以内に教科書を作り直して再申請し、合格した。

2010年度の検定では、237箇所だったので、この時はすぐに検定意見の表が交付され、通常の検定プロセスで合格した。

2014年度の検定では再び、検定意見がページ数以上となったので、「不合格」→

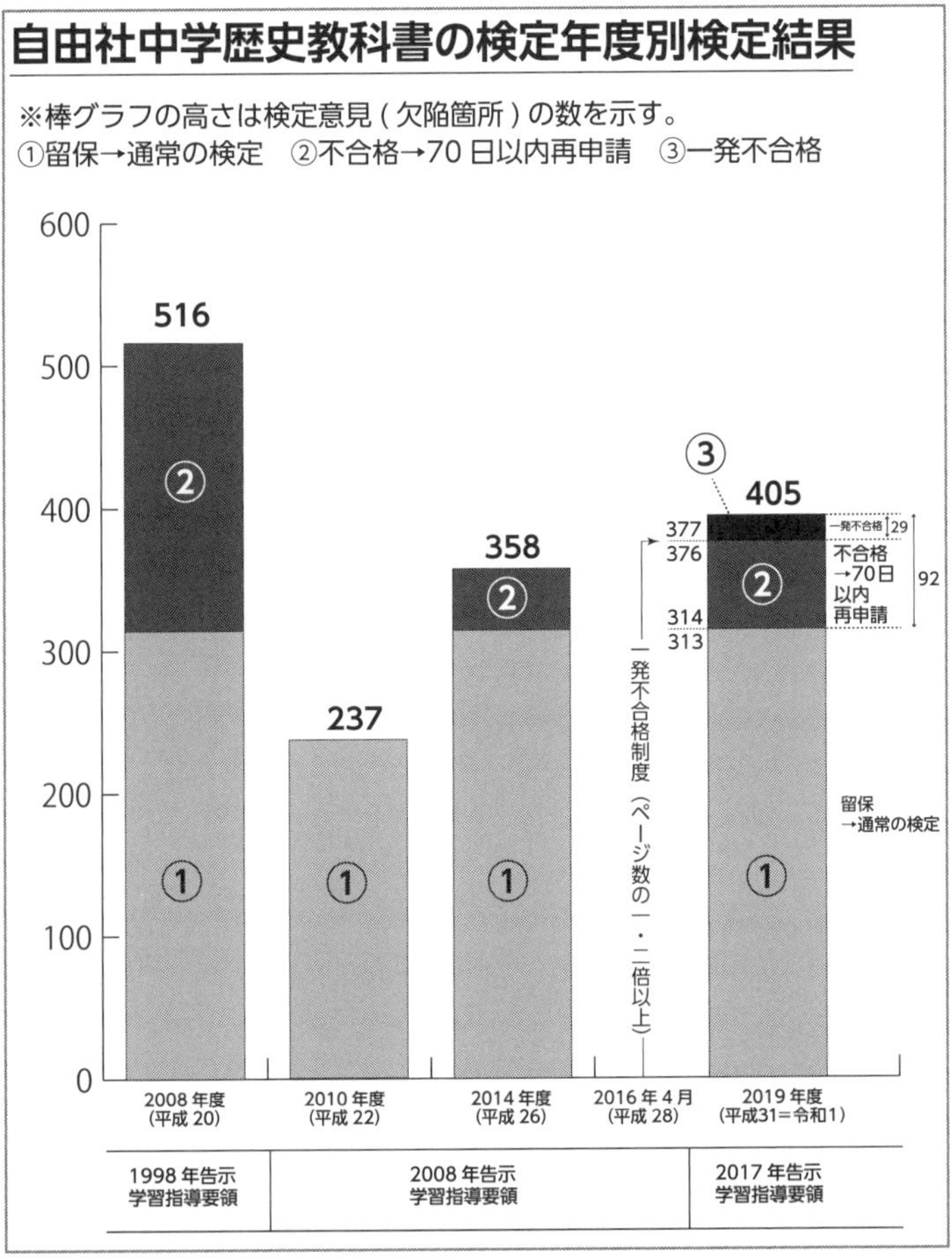
自由社中学歴史教科書の検定年度別検定結果
※棒グラフの高さは検定意見（欠陥箇所）の数を示す。
①留保→通常の検定　②不合格→70 日以内再申請　③一発不合格
600
500
400
300
200
100
0
516
237
358
405
377
376
314
313
一発不合格
29
不合格
→70日
以内
再申請
92
一発不合格制度（ページ数の一・二倍以上）
留保
→通常の検定
2008 年度
(平成 20)
2010 年度
(平成 22)
2014 年度
(平成 26)
2016 年 4 月
(平成 28)
2019 年度
(平成31＝令和1)
1998 年告示
学習指導要領
2008 年告示
学習指導要領
2017 年告示
学習指導要領

【図表2】

再申請→合格というプロセスを辿った。

さて、問題は今回である。前回の検定から5年間の合間があったが、この間に検定制度の重大な変更があった。２０１６年3月の教科書検定審議会で、「一発不合格」制度がつくられ、２０１６年4月から施行されたのだ。

教科書検定の手続きを定めているのは、「教科用図書検定規則」である。その第12条に、「不合格図書の再申請」の規定がある。引用する。

【第12条　申請図書又は修正が行われた申請図書について、第7条第1項又は第10条第2項もしくは第3項の検定審査不合格の通知を受けた者は、その図書に必要な修正を加えた上、文部科学大臣が別に定める期間内に再申請することができる】

この規定によれば、「不合格の通知を受けた者」も修正して再申請が出来る。しかし、いつまでかはわからない。それは「文部科学大臣が別に定める期間内」だそうだ。そこで、それはどこに規定されているかというと、「教科用図書検定規則実施細則」という下位の規則があって、その6の「（1）小学校用及び中学校用教科書の場合」として、次のように規定されている。

【1　以下のアからウまでのいずれかに該当する不合格図書の再申請の期間は、検定審査不合格の決定を行った年度の翌年度の6月1日から6月10日までの期間とする。

ア　教科用図書検定調査審議会において、「教育基本法に示す教育の目標並びに学校教育法及び学習指導要領に示す目標に照らして、教科用図書としての基本的な構成に重大な欠陥が見られるものや、1単元や1章全体にわたる極めて重大な欠陥が見られ、適切な修正を施す（ほどこ）ことが困難と判断されるもの」に該当すると判定された不合格図書

イ　教科用図書検定調査審議会において、「欠陥箇所数が著しく多いもの」に該当すると判定された不合格図書（ゴチック体は引用者による）

ウ　規則第10条第2項又は第3項に基づき検定審査不合格になった不合格図書

2　1に該当しない不合格図書の再申請の期間は、規則第8条第1項の不合格理由の事前通知のあった日の翌日から起算して70日以内の期間とする】

アは具体例をあげると、令和書籍（竹田恒泰氏の教科書）があてはまる。竹田氏の場合、検定意見書がそもそも交付されない。

ゴチックにしたイは２０１６（平成28）年３月18日に教科書検定審議会がつけ加えた条文であり、今回の自由社に適用された当のものである。個別の検定意見に相当するものが積み上げられて、その数が「著しく多いもの」に該当すると判定されると、もう年度内には再申請できず、翌年度の６月１日から10日までの期間とする、というのである。これが教科書会社にとっては死を意味することはすでに述べた。

なお、ウは検定の結果不合格が確定した場合（修正表を出さないなど）である。

「著しく多い」の定義

では、「著しく多い」とはどのような基準なのか。それは細則には書かれていない。どこにあるかというと、「教科用図書検定審査要項」という、さらに下位の規則に書かれている。その中の、「第一」の「３　合格または不合格の判定方法」に次のように定められている。

【（1）検定意見相当箇所がない申請図書は合格と判定する。
（2）次の①又は②のいずれかに該当する申請図書は、不合格と判定する。
① 検定意見相当箇所の数が申請図書の100ページ当たりに換算して100以上あるもの
②（＊引用者注　ここに前掲実施細則中のアとほぼ同じ文言が入るが省略する）
（3）（2）の①に該当するもののうち、**検定意見相当箇所の数が申請図書100ページ当たりに換算して120以上あるものについては、「欠陥箇所が著しく多いもの」に該当するものとする。**（ゴチック体は引用者）
（4）（1）又は（2）のいずれにも該当しない場合は、合格又は不合格の判定を留保する】

まことに回りくどい、もってまわった規定である。「100ページ当たりに換算して100以上」というのは、わかりやすく「1ページ当たり1以上」としよう。そうすると、右のゴチック体にした箇所は「1ページ当たり1・2以上」となる。これが、2016年3月18日に付け加えられたのである。検定の実務に関する法規体系の中で、最も下位に属する検定審議会の規定が最も重大なことを定めている。どうしてこういう規定がつけくわえられたのか、誰がリードしたのか、などは議事録を分析するとわかるが、それは別の機会にしよう。つまり、この時点で、従来の①②に加えて③のケースが生じたことになる。

①留保……検定意見の数がページ数未満

②不合格……検定意見の数がページ数以上

③一発不合格・・検定意見の数がページ数の1・2倍以上（この場合、「検定意見」を「欠陥箇所」と読みかえる）

この①②③が【図表2】のグラフにつけられた①②③の数字に対応する。この規定を今回のケースに当てはめてみよう。【図表2】をもう一度ご覧いただきながら、読んでいただきたい。自由社の検定申請本（俗称「白表紙本」）は、ページ数が314ページである。この数を超えると②の不合格と判定されるが、従来は過去2回の前例があるとおり、「仮不合格」というべきもので、「70日以内再申請ルール」で合格することができた。しかし、今回からは制度が変わり、ページ数の1・2倍を超える377箇所以上の数になると、「著しく多い」と判定されて、「一発不合格」になるというわけだ。

12月25日　認否書の交付と「不合格」の確定

自由社教科書の執筆グループが出した反論書に、どのような認否がなされるか予想はつかなかったが、抽象的（空想的）可能性も含め次の3つのケースがあり得た。

A　反論書を28件までしか認めない→そのまま不合格

B　29～91件までの間の数の反論を認める→70日以内再申請

C　92以上認める→検定意見を交付（「留保」に相当する通常の検定プロセスが始まる）

私たち関係者の大方の予想は、Cはあり得ず、おそらくBであろうと見る者が多数派だった。Aは少数だが、いくらなんでもゼロを予想する者は一人もいなかった。

12月25日、文科省から呼び出しがあった。この日、文科省に出かけたのは6人の執筆者、関係者だった。

いつものように事務方から文書が交付された。「反論認否書」と「検定審査不合格理由書」の二つの文書である。11月5日に渡されたのは「検定審査不合格となるべき理由書」だった。「となるべき」がなくなって表紙が変わっただけで、中味は全く同じ、予想外の結果だった。渡された認否書は、認否の判定欄に「否」の文字が並んでいる。

ページをめくっていくと最後のページまで「否」が続いていた。教科書調査官はただの１件も私たちの反論を認めなかったのだ。反論書作成の作業は全く無駄であった。反論権なるものはただの形づくりに過ぎないことを改めて思い知らされた。

書類を見るのは30分程度で切り上げ、教科書調査官を呼んでもらった。入って来たのは、前回11月５日と同じ顔ぶれの４人の教科書調査官であった。ここで、この方々の名前を明らかにする。

村瀬信一
橋本資久（もとひさ）
中前吾郎
鈴木楠緒子（なおこ）

この日の面接はかなり荒れたものとならざるを得なかった。著者側の質問に納得のいく回答は殆ど得られなかった。ただ、公正を期すために書くが、この面接による説明で検定意見（不合格だからこれを「欠陥箇所」と言い換えるのだが）の漠然とした抽象的な文言の意味がやっとわかったケースも何件かなかったわけではない。ここから考えると、反論書の判定を書類審査のみで決定するのは手続き的に瑕疵（かし）がある。一度は

反　論　認　否　書

受理番号	学校	教科	種目	学年
31－31	中学校	社会	社会（歴史的分野）	1－3

番号	指摘箇所 ページ	指摘箇所 行	指摘事項	意見の認否 認否の別	意見の認否 認めない理由
1	表見返		「日本の世界遺産」（全体）	否	「日本の世界遺産」が文化遺産のみであるかのように誤解する、反論は認められない。
4	表見返	写真	「②姫路城」キャプション中、「世界文化遺産のほか多くの建物が国宝、重要文化財に指定されています」	否	姫路城の多くの建物が世界遺産，国宝，重要文化財になっていることが伝わるか否かを問題にした指摘ではない。反論は認められない。

【図表3】

面接の機会を設けるべきである。調査官は答えにつまり、「審議会が決定した」としばしば責任転嫁を試みた。しかし、審議会とは「一発不合格ルール」を導入した教科書検定審議会のことである。教科書調査官と審議会とは共犯関係にある。審議会は、いわばギロチンを用意したのであり、それを用いて実際に殺したのは教科書調査官である。事件全体の絵図を描いた黒幕が誰かは今の段階では分からない。しかし、数年にわたる計画的な策謀がうごめいていたことは間違いない。

以上のようにして、「つくる会」教科書は抹殺されたのである。

2.「不正検定」事件の本質と解決への展望

「欠陥箇所」４０５のもつ意味

それにしても、教科書調査官は、どうしてこんな無茶苦茶な検定意見をつけたのだろうか。唯一の答は、何としても「つくる会」の教科書を「一発不合格」にしてやりたいという執念のもと、無理に無理を重ねて検定意見を絞り出し、積み重ねて不合格にしたというものである。それによって、ようやく【図表2】の③の「一発不合格」の領域に29箇所、頭を突き出す形にするところまでもっていったわけだ。つまり、指摘箇所を水増ししたのである。それが４０５箇所の意味である。

４０５件の欠陥箇所について、当方は、どうしても納得出来ないものに限定して、１７５箇所の反論書を提出した。４０５から引くと、２３０になる。丁度、前々回の検定意見の数と同じオーダーになるではないか。

【図表４】をご覧いただこう。これは検定結果が公表された翌日、３月25日の産経新聞が報じた、中学校社会科歴史的分野の教科書に付けられた検定意見の教科書会社別の一覧表である。これをさらにわかりやすく棒グラフにすると【図表5】になる。ご覧のとおり、自由社の検定意見の数が突出して多い。

おそらく、これだけを見れば、普通の人は「自由社は、なんて杜撰な教科書をつくっているんだろう。これじゃあ、落とされても仕方がない」と思う可能性がある。

【図表4】から中学校の歴史教科書に付けられた今回の検定意見の総数を計算すると733件となる。そのうち自由社の405件が占める割合は実に55%である。何と調査官は全精力の半分以上を、自由社を不合格にするためだけに割いていたのである。

検定に関与した文科官僚も、このデータを持ち回って、大臣や与党の政治家たちに、「自由社の不合格は仕方がなかったのです」と説明して回っていることは間違いない。

3月10日、参議院の文教科学委員会で日本

社会(歴史)教科書の検定意見数

出版社	今回(令和元年度)	前回(平成26年度)
教育出版	38	20
育鵬社	23	78
東京書籍	21	28
帝国書院	26	70
山川出版社	52	—
日本文教出版	24	44
自由社	405	358
学び舎	144	273

※山川出版社は今回から申請

【図表4】

維新の会の松沢成文議員が、「つくる会」の検定不合格への抗議に関して萩生田光一文科大臣に質問した。文科大臣は次のように発言している。

「誤字や誤植とおっしゃいますけれども、やっぱりどこの会社も、申請段階で、もう本当に目を皿にして、そういうことのないように、子供たちが使う教科書をつくるがゆえに、誤字脱字や誤植がないように努力していることも、私は一定必要なんだと思います」

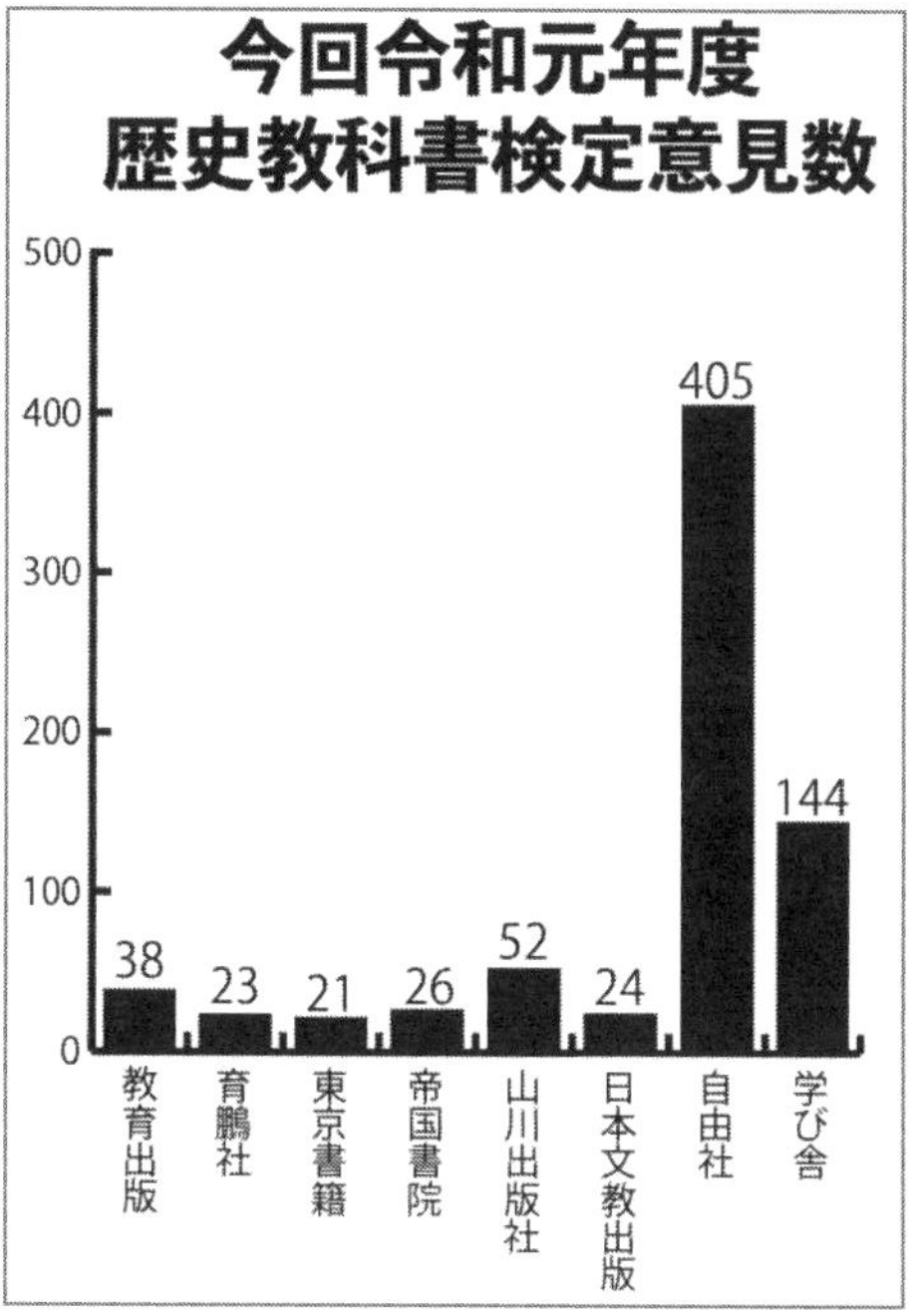

図表5

ご覧のとおり、文科大臣は官僚から、まさに右に述べた通りの説明を受け、それを信じ込んでいるらしい。だが、右の表やグラフは紛れもない、自由社「狙い撃ち」の作為の結果であると考えざるを得ない証拠がある。

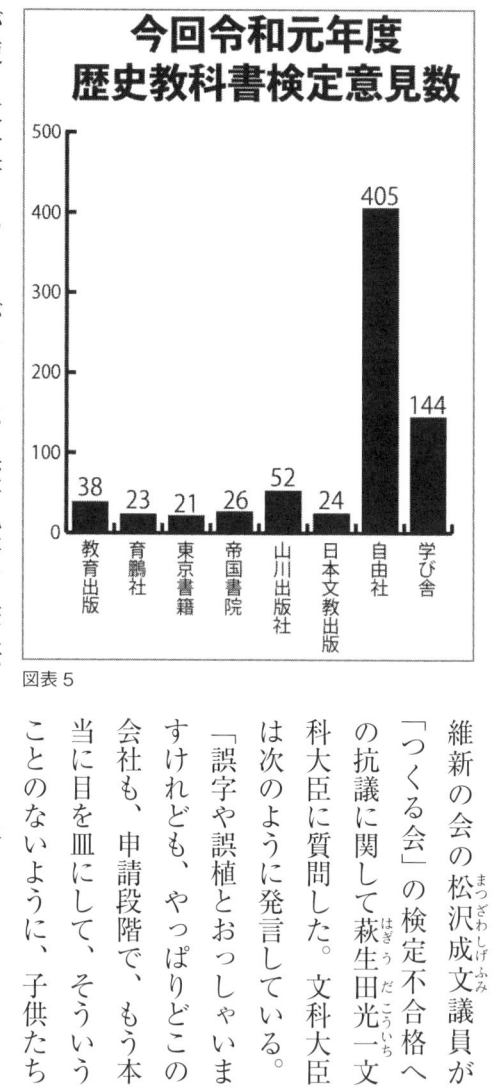

「理解し難い」と「誤解するおそれ」

まずはじめに、「教科書検定基準」の項目別に４０５件を分類した資料をご覧いただこう。「教科書検定基準」というのは、文科大臣が定めて、教科書検定を行う際の直接の根拠となるものである。一般の人には、「近隣諸国条項」が思い浮かぶだろう。あれは、「教科書検定基準」の一つである。なお、本書では第2部の各セクションの末尾に生じた余白ページに順次「教科書検定基準」を掲載する。始まりは86ページである。

さて、今回、自由社の検定に適用された条項は、６つの項目に限られている。項目の全文は長いので、要点をキーワードにして、４０５箇所の検定意見がどの項目を適用したものかを表にまとめると、【図表6】のようになる。ご覧のとおり、誤字・脱字は29件、漢字等表記の適切も15件に過ぎない。誤り・不正確が59件あるが、この中には１７５箇所の反論書で争っているものもある。これらを足しても、到底、３７７箇所の「一発不合格」ラインまではるかに遠い。おそらく先の答弁からみて、萩生田文科大臣は、ベラボーな数の誤字・脱字の類（たぐい）が自由社にはあったのだろうというイメージを持たれたはずだが、そのイメージを改めていただきたい。

405件の欠陥箇所の検定基準別内訳

2-⑴ 学習指導要領との関係	5	（1.2%）
2-⑼ 資料の信頼性	3	（0.7%）
2-⑽ 著作権関係	2	（0.5%）
3-⑴ 誤り・不正確	59	（14.6%）
3-⑵ 誤字・脱字	29	（7.2%）
3-⑶ 理解し難い・誤解するおそれ	292	（72.1%）
3-⑷ 漢字等表記の適切	15	（3.7%）
計	405	（100%）

【図表6】

では、何が全体の中で主な部分を成しているかといえば、検定基準３－⑶が圧倒的な比重を占めている。この条項の正確な全文を引用しておこう。

【図書の内容に、児童又は生徒がその意味を理解しがたい表現や、誤解するおそれのある表現はないこと】

【図表６】にみられるように、「生徒が誤解するおそれのある表現である」「生徒が理解し難い表現である」という項目が異常に多く出現する。それは４０５件中２９２件、実に72％以上を占めているのだ。

しかし、「生徒が理解し難い」とか「生徒が誤解するおそれ」とは、何かの調査に基づいているわけでも、教師の実践記録があるわけでもなく、単に教科書調査官がそう思ったということに過ぎない。ここには調査官の趣味や主観的思い込み、価値観を入り込ませる余地がある。欠陥箇所の水増しがなされた主な手段は、実はこの「理解し難い」と「誤解するおそれ」の二つなのである。仁徳天皇の例（第2部の**【事例47】**）を見ると、教科書調査官は「天皇」や「祀る」という言葉に忌避感を持っていると推測されるし、あるいは徹底した唯物論者なのかも知れないが、個人の趣味を教科書検定の場に持ち込むことは許しがたい公私混同である。そして、このような主観的恣意が入り込む余地を与えているのが、検定基準のこの条項（3－(3)）なのである。

これを今回の教科書検定の検定意見数の棒グラフに重ねたのが**【図表7】**であ

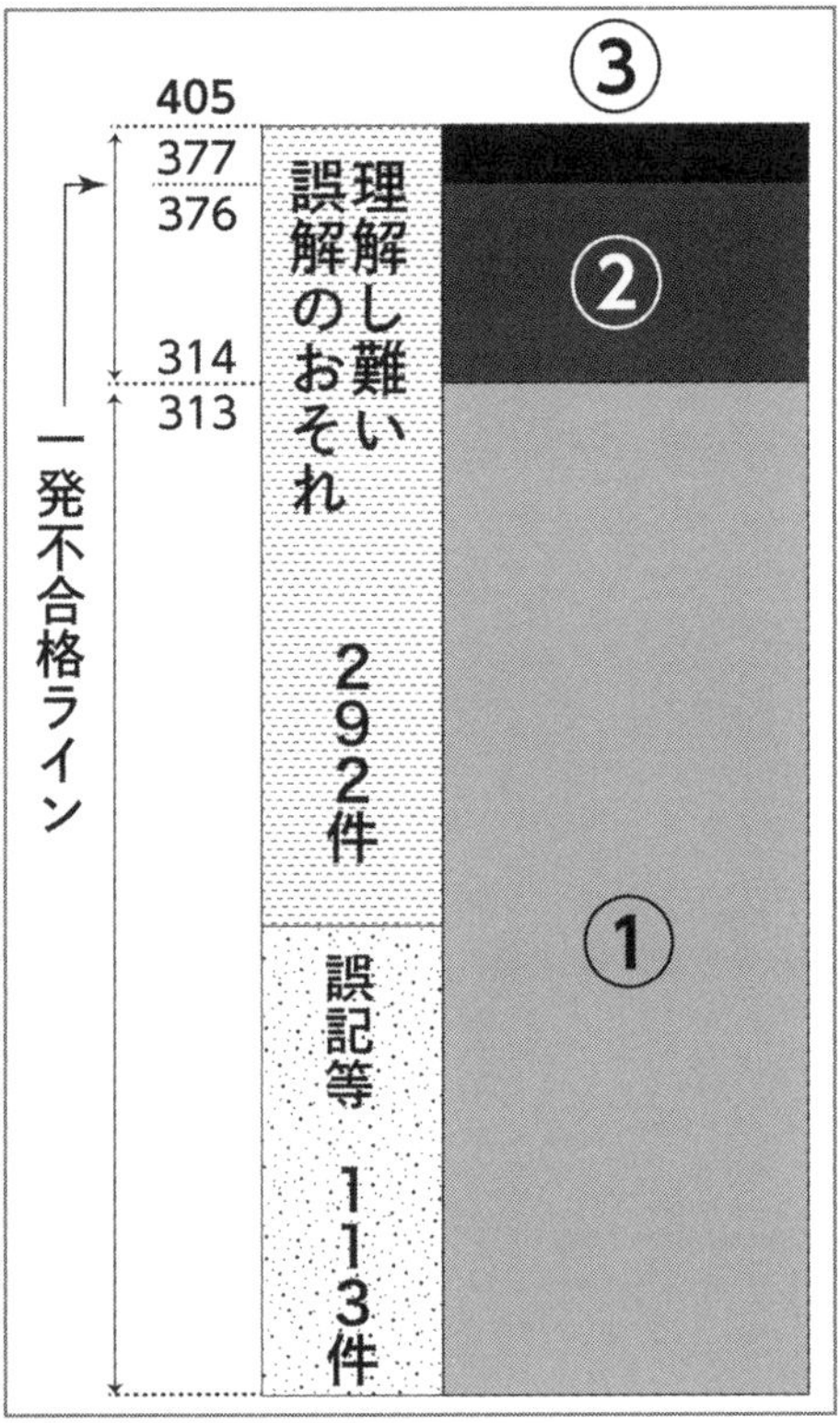

【図表7】

る。これを見れば、いかに水増しの手段として（３－⑶）が悪用されたかがわかる。

さらに言えば、検定基準（３－⑶）のなかでは、「生徒が誤解するおそれ」のほうがはるかに多く、２９２件中２１７件（74％）を占めている。まさに検定意見水増しの主役は、この「誤解」条項であったと言って差し支えない。

欠陥箇所水増しのあの手この手

今までに判明した、欠陥箇所水増しの手口を箇条書きにしておく。

▽他社の教科書では認められている同じ記述が、自由社については認められない、というケースがある。東京書籍の中学校の教科書【事例２】、山川出版社の高校の教科書【事例17】、育鵬社の教科書【事例19】などがすでに判明している。このケースは、今後、調査を進めると続々と増えていくだろう。特定の会社の教科書だけを狙い撃ちし、欠陥品という不当なレッテルを貼って倒産に追い込むという所業は、特定の会社を依怙贔屓（えこひいき）し、利益を供与するのと全く変わらない汚職である。

憲法第15条第２項には、「すべて公務員は、全体の奉仕者であって、一部の奉仕者ではない」と書かれている。いずれ教科書調査官の罷免（ひめん）を要求する展開になるだろう。

▽社会慣習上存在しない勝手なルールを決めて、自由社の検定不合格用に使いまくる、ということが行われた。例えば、「　」で括った文章は、原文からの直接引用以外に使ってはいけないというルールは存在しない。しかし、今回の検定では、「　」付きの文章はことごとく摘発され、「生徒が直接引用であると誤解するおそれのある表現である」という指摘事由が頻出した。特定の学術論文や、論争的な論文の場合は例外として、一般の書籍では、古典からの引用などでも、要旨や大意を示すために「　」で括って示すことは普通に行われている。教科書も例外ではない。だいいち、直接引用でなければ「　」を使っていけないのなら、新聞記者は記事を書くことができない。決定的なのは、前回の検定ではこうした括弧の使い方がみとめられていたことである。文科省に明確な説明を求めたい。

▽何とも名づけようのない姑息なやり方が行われたケースもある。極めつきは、令和の元号の発表が遅れたため、検定提出のための申請本の印刷が間に合わず、やむなく「[redacted]」と表記しておいたところまで欠陥箇所に指定されたという事例である。

検定に名をかりた不正行為

以上見てきたとおり、この度起こったことは、「検定」に名をかりて、特定教科書を不当に抹殺した、文科官僚による不正行為なのである。文科省が犯した信じがたい一大スキャンダルだ。国政上の重大問題である。

不正は正されなければならない。行政府が犯した不始末を修正するのは、立法府の役割だ。国会は両サイドの関係者を呼んで、聴聞会を開かなければならない。教科書調査官は自らの職を賭して、国民に説明する責任がある。関係者の処分は免れない。憲法違反、国家公務員法違反を追及されるだろう。教科書調査官は懲戒免職が相当である。また、これを許した審議会メンバーも何らかの処分が必要だ。

このところ文科省はスキャンダル続きだ。官僚のトップ文科事務次官が、前川喜平以来2代連続して引責辞任している。最近では局長の辞任もある。国民の信頼は地に落ち、検定制度廃止、文科省の解体・再編の声も澎湃と起こっている。根本的な出直しをせず、目先のごまかしで切り抜けることは、もはやできないことを知るべきだ。

「つくる会」は2月21日、文科省記者クラブで「検定不合格」を公表し、その不正検定の実態を暴露した。産経新聞は1面トップで、〈つくる会教科書不合格／来年度分新基準で「欠陥多数」／著者側反発「結論ありき」〉と報道した。朝日新聞も、〈「新しい歴史教科書」不合格／文科省　過去に合格、異例の判断〉と見出しをつけた。

文科省側は、検定期間中に公表したことを規則違反だと批判した。しかし、私たちの検定は終了している。しかも、これは不正なのである。不正がわかったら、公務員は通告する義務がある。私たちは公務員ではないが、国民のひとりとして、同じ権利と義務を負う。また、私たちは公務員の職権濫用（らんよう）の被害者である。被害者には正当防衛の権利がある。

文科省は、新聞記者の質問に不合格となったことを認めた。それなら、文科省も規則違反を犯しているではないか。検定結果公表前だから、「言えない」「分からない」とすべきであった。不合格を認めた一点で、文科省に私たちを批判する資格は失われている。

萩生田文科大臣の判断の前提を問う

3月10日の参議院文教科学委員会での松沢成文議員の質問で、萩生田文科大臣は、全体の検定結果が公表前であることを理由に、質問に対し内容に踏み込んだ答弁を行わなかった。しかし、松沢氏は「つくる会の教科書は、もう一発不合格で決定されちゃったわけですよ。彼らは、ここでこれはおかしいんじゃないかと異議申し立てをしない限り、これから数年間、６年間、学校現場で教科書を使ってもらえないんです」と発言している。最後のところは、正しくは４年間である。

しかし、質疑の中で重要な答弁があった。松沢氏が、「教科書調査官と審議会がおかしな教科書検定をやったならば、最終決定権者の大臣が、いや、ちょっと待てと、このやり方おかしいぞと、もう１回やり直せ。それをやるのが私は大臣のリーダーシップだと思いますよ。これを逃げちゃったら、もう審議会の御用学者に全部行政は牛耳られちゃうじゃないですか」と問い詰めた。

これに対し、大臣は「検定期間中ですからコメントは避けますけれど、仮に、私のところに諮問に来た段階で、本当に先生が問題意識を持ったようなことがあるんだとすれば、そこは大臣の責任で精査はして参りたいと思っています」と答弁した。

こうした発言を受けて、私たちは大臣との面会を求めてきたが、実現していない。

萩生田氏は２０１３年４月に自民党が設置した教育再生実行本部の「教科書検定の在り方特別部会」で主査を務められ、私も一度、「近隣諸国条項」について、成立過程と問題点などを報告させていただいたことがある。その席には初等中等教育局長など数人の文科省幹部も同席していた。文科大臣として、官僚からの報告は聞くが、被害を訴えている当事者の話を聞こうとしないのは理解し難い。今後、必ず直接説明する機会をいただきたい。

文科官僚は盛大な嘘を山のように製造して政治家に吹き込んでいる。その中には、藤岡を名指しした非難や、「つくる会はわざと不合格になるように教科書をつくって、『検定不合格教科書』と銘打って商売をしようとしている」といった、全くの中傷まで含まれている。2千人の会員の浄財や、貴重な寄付金で多くを支えられている「つくる会」が、教科書を自滅させてまでそのようなことをしなければならない理由がどこにあるのか。よくもこんな酷(ひど)いデマを発想できたものだ。しかし、それに影響されて全く間違った判断をされている議員の方々もおられる。当事者双方からの聴取は、正確なものごとの判断のための不可欠の大前提である。

私たちは、今後、国会の場だけでなく教科書調査官との公開討論を求めていく。彼らには説明責任を果たす義務がある。最終判断をするのは国民である。

3月24日　検定結果発表

検定の結果は、令和書籍と自由社が不合格となり、他方、学び舎が検定に合格した。このことは今回の検定の政治的本質を示すものだ。中学校歴史教科書は極端に左に振れる結果となったのである。

しかも、さらに重大なことは、検定に合格した教科書に書かれた内容である。新顔の山川出版社で、「従軍慰安婦」の用語が検定意見もつかずに復活したのである。これは教科書会社の営業戦略という問題の枠組みだけで捉えることの出来ない、中韓に阿った自虐史観を反映し、あるいは反映させようとする背後の力が働いていると考えなければならない。さらに「南京大虐殺」についての中国人の次のようなあやしげな証言も掲載されている。

「銃剣を持った日本兵が家に侵入してきました。逃げようとした父は撃たれ、母と乳飲み子だった妹も殺されました。祖父と祖母はピストルで、15歳と13歳だった姉は暴行されて殺されました。私と4歳の妹は、こわくて泣き叫びました。銃剣で3カ所刺されて、私は気を失いました」(学び舎教科書。産経新聞3月25日付)

これを検定意見なしで通した教科書調査官、及び文科大臣にも説明責任を果たしていただく。他にも、沖縄戦を「捨て石」作戦とよぶこともノーマークで通った。「従軍慰安婦」という用語の復活は、「従軍慰安婦」の記述への批判からスタートした「つくる会」の教科書を不合格にすることとセットであり、両者はコインの表裏をなす出来事である。検定結果発表以前は自由社の不合格問題であったが、発表後は特定の一社・一団体の問題を超えて、議論の主題がより包括的な、教科書検定と歴史問題にシフトしたのである。

教科書検定制度の抜本的見直しを

今回の事件で、文科省の教科書検定制度への国民の信頼は決定的に揺らいだ。今後、文科省への批判は、ますます強まるだろう。

現状の教科書検定制度が、いかに文科官僚の恣意的な権力濫用による思想・言論統制の道具となっているかが白日のもとにさらされたのである。今までは、教科書検定などとは七面倒くさい、あまり縁のないテーマに過ぎなかったが、本書の登場で初めて「密室検定」の闇が暴かれ、教科書検定の赤裸々な実態が国民の目にさらされるのである。

教科書検定制度そのものの改善は急務だ。誤解しないでいただきたいのだが、私たちは教科書裁判を起こした家永三郎（いえながさぶろう）のように、検定制度が違憲だとして廃止を求めているわけではない。405の検定意見の中には、妥当なものもある。私たちはそのすべてを否定しているのではない。

しかし、今回は特定の教科書を狙い撃ちし、抹殺するための明らかな不正行為が行われた。背後にいかなる勢力があったのかは、今のところ分からない。しかし、司令塔は必ずいる。前回、2014年度の検定で学び舎が合格した時点に遡（さかのぼ）って、経過を検証することが必要だ。学び舎の検定合格は果たして正当だったのか。誰が、「1・2倍ルール」というギロチンを考案したのか。いずれにせよ、不正の温床となった規定は必ず廃止すべきである。

以下は、筆者が現段階で考えている教科書検定制度の改革案である。

〈1〉教科書検定の理念を確立せよ

まず必要なのは、教科書検定制度は何のためにあるのか、その根本理念の確立だ。

検定は教育基本法の定める教育の目標を実現する最も重要な手段である教科書を良くするためのもので、民間会社を倒産させるためのものではない。

かつて、1986年の『新編日本史』検定事件のころは、検定意見は、強制力のある「修正意見」と、従う法的義務のない「改善意見」とに分かれていた。今日では両方とも強制力のある意見として一元化して扱われている。これはおかしい。このため、教科書調査官の権限は今、異様に強大化している。

まず、教科書検定は、二つの仕事に限定すべきである。

第一に、学習指導要領の要求を満たしているかどうかのチェックだ。これは、国民教育にとってどうしても必要だ。

第二は、明白な間違いを指摘することだ。しかし、それを超えて、明白な間違いではないのに、「表現」を云々することは禁止すべきだ。これを認めると必ず、恣意的な検定を誘発する。

調査官の私見は改善意見として書くならよい。だから、理念の確立は、具体的な制度改革と結びついているのである。

確かに教科書によっては、稚拙な表現もあろう。しかし、それは採択権者である教育委員会等が考えて評価すべきなのだ。何でもかんでも検定で解決しようとするのはお門違いだ。

〈2〉「一発不合格」制度を廃止せよ

今回の不正検定事件全体を振り返って、最大の問題であり、諸悪の根源になっているのは、2016年に導入された「1・2倍の一発不合格」制度である。これこそが文科官僚の思想統制の最大の武器になっている。この制度がある限り、いくらでも文科官僚の恣意で思想統制することができてしまう。自由な社会の最大の敵は、このような陰湿な思想統制である。

一発不合格という脅しがあると、誰もが一発不合格を受けないように表現を萎縮させる。文科官僚に嫌われないように忖度がはびこり、教科書調査官の恣意による言論統制が完成する。この邪悪な制度による最初の被害者が自由社だったというに過ぎない。自由社以外の検定に合格した教科書会社も、自由社の二の舞を避けようと、今後は一層、教科書調査官のご意向に右顧左眄せざるを得ない。各教科書会社は教科書調査官の覚えめでたい会社に成り下がり、利権を手にしようとする。こうして、表現の自由が根底から破壊されるのである。

「1・2倍の規制こそが表現の自由への最大の敵対行為である」という指摘に対しては、左翼マスコミも左翼学者も、誰一人、「そうではない」と反論することは出来ないはずだ。それが薄々分かっているから、左翼マスコミは、「つくる会」の検定不合格事件を黙殺しているのである。左翼にとって「つくる会」の検定不合格は、本来であれば、嬉々として取り上げるべき朗報であるはずなのに、全くそのトーンは感じ取れない。

自由社の教科書に対してなされたのは、これ以上ないほどの、極めて凶暴な検閲なのだ。自由の圧殺についての感受性のない者は、所謂「保守政治家」であろうと、「保守系ジャーナリスト」を自任していようと、勿論、「保守系の学者・研究者」であろうと、社会にとって有益な役割を果たすことができない。

ことは、右か左かの問題ではない。私は、家永三郎の教科書裁判の記録をもう一度読み直す必要を感じている。「歴史を支える人々」といったフレーズは、国家が権力でやめさせるべきものだったのか。家永の主張に、自由な社会とはどういうものかを構想する立場から、くみ取るべき主張は全くなかったのか。先入観を排して、真剣に検討すべきである。場合によっては、家永訴訟とは逆バージョンの憲法裁判を起こすことも検討対象としなければならない。固定観念にとらわれず、戦いの方向を切り開いて行きたい。とにかく、保守を自称する政権が左翼全体主義に屈服し、抱き合っている現状こそ、最悪であることだけは間違いない。

「一発不合格」制度の廃止に関連して、細かい点にもふれておく。検定意見とは、そもそも教科書をよりよくするためのものであるはずだ。その検定意見を、数が増えると「欠陥箇所」に読み替える。これは検定理念の混乱であり、不当なことだ。まして、ページ数の１・２倍を超えると一発不合格にするなど、もってのほかだ。「１・２倍」に何の根拠もない。

〈3〉「生徒が誤解するおそれのある表現」という検定基準は破棄せよ

今まで何度か触れてきたし、何よりも第２部の１００項目の記述は、そのほとんどがこの魔語にかかわっているから、これ以上の説明は省く。ひと言で言って、恣意的検定・懲罰検定・復讐検定・思い込み検定・思想検定の道具をなくせということだ。

〈4〉「修正意見（A意見）」と「改善意見（B意見）」の区別を復活せよ

これについても、すでに具体例をもとに述べたので、繰り返さない。

〈5〉教科書調査官の人選に心血を注げ

今回の検定は、最も悪しき思想検定であった。検定は国家の権力を使って、教科書調査官の思想を押しつけるものであってはならない。そういうことをしそうな人物を教科書調査官に選んではいけない。

私は先にも述べたように、萩生田氏に招かれて、教科書検定制度について話をさせていただいたことがある。その時、私が気になったのは、萩生田氏が文科官僚の説明によって、教科書検定制度を守るために教科書調査官のなり手がいないと説得されてしまったように思えたことだ。だから、来てくれるなら誰でもいい、という風に考えてしまう可能性がある。

確かに、元教科書調査官の新保良明氏は、あるシンポジウムで、「早く出たいなと思っていました」「『使命感』はありません」「『充実感』もないです」などと、ホンネを赤裸々に語っている（「高校世界史教科書の記述を考える」２０１６年3月19日。ネットより）。

しかし、それは、使命感がわかないような仕事をしているからで、本当にこの仕事の価値を見いだせる人材を確保できないわけではないと思う。

学び舎の教科書の自虐的で根拠のない記述がノーマークで通り、片や自由社の教科書が思想検定で落とされるような運用がこのまま続くなら、教科書検定制度自体の廃止、文科省の解体も視野に入れなければならなくなる。

〈6〉「近隣諸国条項」を撤廃せよ

先の文科省の役人を呼んだ会合で、「近隣諸国条項」は導入当初は使われたが、その後は全く使われていない、実質上死文化したという状況が明らかになった。しかし、今回の検定をみれば、近隣条項は使われていないにもかかわらず、立派に理念法の役割を果たしているのである。その現実を正面から見なければならない。近隣諸国条項の撤廃を改めて重要課題として提起したい。

私たちは、本書と同時に、申請本を『検定不合格　新しい歴史教科書』（自由社）というタイトルで市販本として発売する。前述のように、私たちは、検定意見のすべてを否定しているわけではないので、判明した誤植や事実の間違いは訂正する。また、〈文科省「不正検定」を正す会〉のホームページ（「はじめに」で記したURL）で検定資料を公開し、国民が誰でも情報にアクセスできるようにする。その上で、広く呼びかけて「文科省の教科書検定を検定する」国民検定の運動に取り組みたい。読者の積極的なご参加をいただければありがたい。

第2部

これが「不正検定」の実態だ　事例100件

※各事例見出し下の数字は「欠陥箇所」の番号を示す。

※「欠陥箇所」の「指摘事項」欄は、本書では、自由社申請本の当該箇所を切り抜いて示している。

※当該ページは『検定不合格　新しい歴史教科書』（自由社）で確かめることができる。

1

何が何でも自由社を不合格にせよ！

汚いぞ文科省教科書調査官

事例１　16

新元号が入る「[redacted]」まで欠陥箇所とは！　文科官僚の底知れぬ悪意

◉元号（年号）とは

これに対し日本や中国では、天皇や皇帝が定める元号（年号）を使ってきました。わが国で初めて元号が定められたのは西暦645年で、公式な歴史書である『日本書紀』に、この年を「大化元年」と改めるとあります。同じ年に始まった政治改革は「大化の改新」と呼ばれています。

元号では最初の年を「元年」といい、その後２年、３年と続けていきます。西暦650年には次の元号「白雉」と改められましたから「大化」は元年から６年まで続いたことになります。大化６年と白雉元年とは重なります。

その後、この教科書の巻末にあるように、大化から[redacted]まで248の元号が定められてきましたが、明治以降は一代の天皇に一つの元号と決められました。明治天皇の時代が「明治」という元号で表されるようになったのです。

［指摘事項］教科書 P9

［指摘事由］

生徒にとって理解し難い表現である。

そりゃあ、理解し難いには違いない。なにしろ伏せ字なのだから。

どうしてこういう伏せ字が何箇所も出現したかといえば、当初予想されていたよりも新元号「令和」の発表が遅れて4月1日となったため、4月中旬

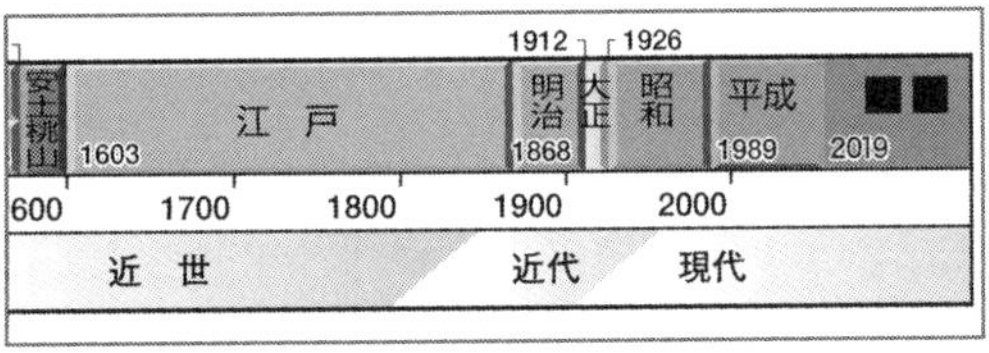

［指摘事項］教科書 P9

> また明治以降は天皇の代替わりのときだけ、元号を改めることになりましたので、明治、大正、昭和、平成、■■と天皇の在位期間で時代を区分しています。

［指摘事項］教科書 P49

> が成立しました。これにより2019年5月1日、皇太子殿下が第126代天皇に即位し、新しい元号は◆◆と定められました。
> しかし今回の譲位は特例法に基づくものであ

［指摘事項］教科書 P279

○○時代
2019
二〇二〇・　二度目の東京オリンピック開催
二〇一九・　今上陛下が即位　新元号を○○と定める

［指摘事項］教科書・巻末折込年表

に文科省に検定申請する教科書の印刷が間に合わなかったからである。それでも、5月の天皇の代替わりに伴って新元号が制定されることは確実なのだから、取り敢えず■■、◆◆、○○、のように伏せ字扱いをしたのである。

しかし、断っておくが、この伏せ字のまま生徒の手に渡るわけではない。教科書会社に自主訂正の機会が二度ある。一度は3月末に検定に合格したあとだ。各地の教育委員会や学校でどの教科書を使うか選ぶことを採択という。採択のためには見本本がいる。そこで各教科書会社は各地の教育委員会に教科書の見本を送る。この見本に伏せ字が残るといけないから、教科書会社は文科省に申請して、伏せ字をまともな文字に訂正することを許可してもらうのである。

二度目は採択が終わる秋口から翌年４月の新学期、教科書が子供の手に渡るまでの期間である。教科書会社は改めて自社の教科書を精査し、見逃していた誤記誤植などを直す。情勢の変化もある。教科書に書いている国が消滅しているかもしれない。そういう場合に自主訂正を申告すれば認められる。

このように二度にわたってチェックされるから、間違っても伏せ字のまま生徒の手に渡ることはあり得ない。それを大真面目に「生徒にとって理解し難い表現である」などとやりとりしている。まさに茶番である。

こんなことまでして、つくる会の教科書を不合格にしようと企む文科官僚の底知れぬ悪意を感じる。「おい、おい、そこまでやるか」というのが正直な感想だ。

元号は今では日本にしかない独自のものであり、ご先祖から受け継がれた貴重な文化の一つである。だから元号を学ぶことは日本史の学習の重要な事項の一つなのだ。教科書調査官は、本当は元号を重視するこの教科書の姿勢が気に入らなかったのではないかとも想像される。

事例２

「フェートン号事件」の指摘事由 東京書籍なら合格、自由社だから不合格

244

【指摘事由】

生徒が誤解するおそれのある表現である。
（フェートン号事件当時のイギリスとオランダの関係）

該当する単元49は、欧米諸国がどのような経緯で日本に接近し、その後の明治維新へとつながっていったかを扱っている。その過程で起きた長崎での「フェートン号事件」の記載について、「指摘事由」には「事件当時のイギリスとオランダの関係」とある。

事件の背景として、両国が当時対立していたことを示していないことを問題視しているようだ。だがそれをここで示すのは分量的にも、趣旨の上でもむしろ不適切であ

1808（文化５）年、イギリスの軍艦フェートン号は、オランダ国旗を掲げてオランダ船を擬装（ぎそう）し、長崎に入港しました。フェートン号は出迎えたオランダの商館員をとらえ、湾内を探索し、薪水（しんすい）（薪（まき）と水）や食料を強奪（ごうだつ）しました（フェートン号事件）。この事件に怒った幕府は、1825（文政８）年、**異国船打払令**（いこくせんうちはらいれい）❺を出し、外国船が来たら直ちに打ち払えと命じました。

［指摘事項］教科書 P157

❷主な外国船の接近

年	人名・船名	国	来航地	目的等
1792	ラクスマン	露	根室	通商要求
1804	レザノフ	露	長崎	通商要求
1808	フェートン号	英	長崎	薪水（しんすい）強奪
1818	ゴルドン	英	浦賀	通商要求
1837	モリソン号	米	浦賀	通商要求
1853	ペリー	米	浦賀	開国要求

［指摘事項］教科書 P156

る。

反論書では、東京書籍の現行版歴史教科書を資料として提出した。そこには「イギリスの軍艦フェートン号がオランダ船を捉(とら)えるために長崎に侵入、……」とあるものの、やはり、両国の関係は全く示されていない。東京書籍なら○で、自由社だから×なのだ。

さらに驚いたのは、著者側の反論に対する文科省から交付された反論認否書の「否」の理由である。「フェートン号の目的が薪水(しんすい)強奪にあったと誤解するおそれがある」とあった。

東京書籍の資料を見てダブルスタンダードになっていることに気づき、卑怯(ひきょう)にも知らぬ顔をして［指摘事由］を変更してきたのだ。まずは指摘の誤りを認め反論を認めて指摘を取り下げるのが筋というものだろう。

事例3

「この150年間」を誤解するという屁理屈 前回まで認めていた記述も堂々欠陥箇所指定

10

［指摘事由］

生徒が誤解するおそれのある表現である。

（「150年間」）

まず、次のページの図版をご覧いただきたい。これは巻頭部分の見開き2ページを使ったグラビアのページで、タイトルは「日本歴史の舞台」。

見開き2ページの真ん中に、択捉島（えとろふとう）から沖縄に至る日本列島の地図が配されている。日本列島はほとんど緑でおおわれていて、海岸線や川沿いに、ところどころに平地があるだけだ。これは高度1万メートルの上空から見た、日本列島の姿である。

高度を下げていくと、視野に入るものが違ってくる。それを、高度1万メートル、

日本歴史の舞台
ユーラシア大陸の東のはてに
点々とつらなる
6000あまりの島々――
この日本列島が
わが国の歴史の舞台です
上空3つの高度から見ると
「3つの日本」が見えてきます。
1
高度1万メートルの上空から
見た日本は「森の国」だ
2
高度1千メートルの上空から
見た日本は「水田の国」だ
3
高度100メートルから
見た日本は「町工場の国」だ
「3つの日本」が
日本列島に刻み込まれています
「3つの日本」が
今の日本をつくっています
「3つの日本」の
お陰で私たちの今があります
その日本の歴史をこれから学ぼう!

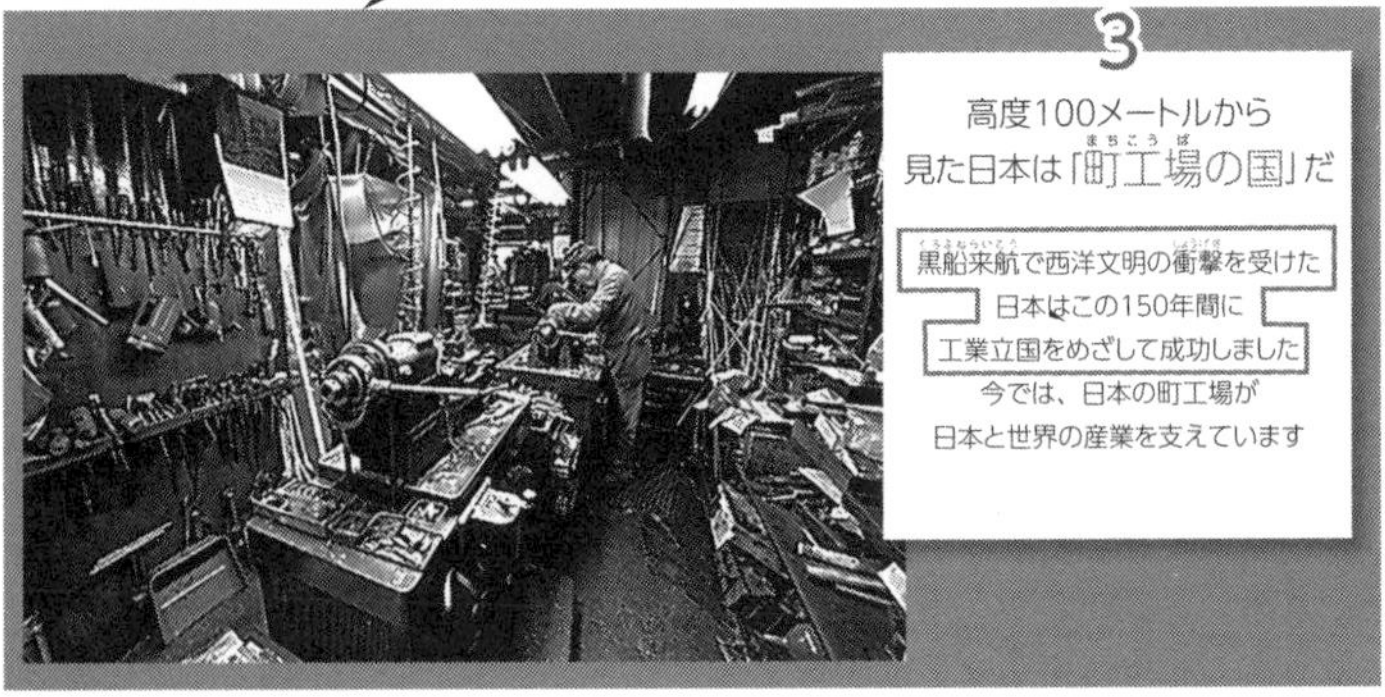
3
高度100メートルから
見た日本は「町工場の国」だ
黒船来航で西洋文明の衝撃を受けた
日本はこの150年間に
工業立国をめざして成功しました
今では、日本の町工場が
日本と世界の産業を支えています

［指摘事項］教科書 P3

高度１０００メートル、高度１００メートルの３つについて、見え方の違いを想像してみる。すると「３つの日本」が見えてくる、と初めにうたっている。以下、３つの日本を引用する。

【１　高度１万メートルから見た日本は「森の国」だ。

縄文時代１万数千年　私たちの先祖は豊かな自然の幸（さち）に恵まれて暮らしていました。多様で柔軟な日本文明の基礎はこの暮らしの中でつちかわれました】

【２　高度１千メートルの上空から見た日本は「水田の国」だ。

昔は「豊葦原瑞穂（とよあしはらみずほ）の国」とよばれました。この２０００年あまり　豊かな実りが日本文明を支えました　大陸や半島の国々から学びながら　独自の文明をつくりあげました】

【３　高度１００メートルから見た日本は「町工場」の国だ。

黒船来航で西洋文明の衝撃を受けた日本はこの１５０年間に工業立国をめざして成功しました】

この教材は宗教学者・山折（やまおり）哲雄氏のエッセイに触発され、３つの空間的視野の違いが３つの時間的オーダーの違いと重なり合うことに着目し、地理から歴史への橋渡しを意図して書かれたものである。

まず強調しておきたいのは、このグラビア記事は『新しい歴史教科書』の過去2回のバージョンで合格しているものだということである。検定意見がついたのは今回が初めてだ。教科書調査官は欠陥箇所を「一発不合格」のラインに届くまで積み上げようと、必死で蚤取り眼をさらして「欠陥」を探しまくったのであろう。

そうして「発見」されたのが、「この150年間」という言葉である。ペリー来航は1853年。今から167年前だから「150年」は誤りだと言いたいのだろう。

しかし、これは典型的な「揚げ足取り」に過ぎない。文章は書かれている通りに読むのが、「読み」の常道である。筆者が「この150年」と書いているのだから、今の時点から150年ということである。スパンを決める権利は著者にあって、読み手にはない。

黒船来航直後から新しい国づくりに踏み出したのではない。新しい国づくりのためにこそ、明治維新という体制の転換が必要だった。「この150年間」は明治初期からの150年間を指している。だから、引用された文章は、断じて「欠陥箇所」ではない。

この事例には「揚げ足取り検定」の醜悪さが露骨に現れている。

事例４

日本の独自な文明と縄文時代の関係　何をどう「誤解」するのか意味不明の指摘

9

■日本文明の伝統

世界のどの国にも、それぞれ固有の歴史があります。日本は豊かな自然に恵まれ、独自の文明を育みました。古代において日本は、中国に出現した文明から学びながらも、みずからの特色を見失うことなく、自立した独自の文明を築いてきました。

欧米列強諸国の力がアジアをのみこもうとした近代にあっても、日本は自国の伝統を生かしながら西洋文明との調和をはかり、近代国家の建設と独立の維持に成功しました。私たちのご先祖は、こうしたたゆまぬ努力をして、世界でも安全で豊かな日本を築いてきたのです。

［指摘事項］教科書 P2

［指摘事由］

生徒が誤解するおそれのある表現である。（華夷秩序、国風文化などとの関連）

本件は、巻頭に据えられた「歴史を学ぶとは」という、大局的な歴史の見通しに関わる記述で、ケチをつけようと思えばいかようにもできる

> 　縄文時代を通して、人々は自然の豊かな恵みに感謝し、また、子孫を生み育てる女性をかたどった独特な形の**土偶**(どぐう)や漆塗(うるしぬ)りの装飾品などをつくって祈りを捧げました。1万年あまり続いた縄文時代は、自然との共生、人と人との和をもとにした、持続可能な安定した社会をつくっていました。この時代に日本人の穏(おだ)やかな性格と日本文明の基礎が育(はぐく)まれたと考えられます。

［指摘事項］教科書 P31

ものだ。これに検定意見を付ける教科書調査官は、たしなみがないのである。しかも、今回突如現れたものではなく、何度も繰り返されてきたものだ。

　そこで、自由社教科書に何とかケチをつけて「欠陥箇所」の数を稼ぎたい調査官は、文章だけをいじくることはさすがに気が引けたのか、別の箇所との齟齬(そご)をついてこようとした。そこで引証されたのが縄文時代の記述である。

　で、どうしたか。「華夷(かい)秩序、国風文化などとの関連」という説明があるが、何のことやらさっぱりわからない。こういう大局的な観点で述べているときに、個別の論点を論じるスペースなどあるはずがない。だから、それを反論書に書いたら、「指摘箇所で華夷秩序や国風文化の論述を求める趣旨ではない」との認否書が返ってきた。何のこっちゃ？

事例５

ピラミッドとヘロドトスの『歴史』「」は直接引用に限るという規則はない

42

④ピラミッドを造ったのは誰か

約2500年前のギリシャの歴史家で、「歴史の父」と呼ばれるヘロドトスは、『歴史』という本で、「大ピラミッドは、10万人の奴隷(どれい)が20年間働いて造ったもので、クフ王という残忍(ざんにん)な王の墓である」と書きました。それ以来、ピラミッドは専制(せんせい)権力や奴隷社会の象徴(しょうちょう)とされてきました。

ところが、1990年代にピラミッドを造った労働者の墓が発見され、1000体以上の人骨の中には、穴をあけて治療(ちりょう)した跡のある頭蓋骨(ずがいこつ)などがありました。また、半分は女性で、子供の骨もありました。労働者は家族で暮らしていた自由民だったのです。

ナイル川下流域は毎年7月から10月まで氾濫(はんらん)で農作業が出来なくなります。そこで王は、農作業が出来ない農民を中心に全国から人を集めてピラミッド建設の仕事を与え、衣食住を保障しました。一つの事業に力を結集し、国の結束を強くするという目的もありました。ピラミッドは国家統一の記念碑(きねんひ)でした。石切場には、「国王万歳」という落書きが残されていました。

（『NHKスペシャル四大文明・エジプト』より）

［指摘事項］P23

［指摘事由］

生徒が誤解するおそれのある表現である。
（引用であるかのように誤解する）

「生徒が誤解するおそれのある表現である」というので、どこに間違いがあるのか注意して教科書を読み返す。思い当たるところがない。そこで［指摘事由］の次を見ると、「　」が「引用であるかのように誤解する」というのだ。教科書調査官という人種は、何とくだらないことを言い出すのだろうか。

ヘロドトスの『歴史』には、「常に十万人もの人間が、三ヶ月交替で労役に復した」、「ピラミッド自体の建造には二十年を要した」、「悪行は限りを知らず、果ては金に窮して己の娘を娼家（しょうか）に出し」などと書かれている（岩波文庫版）。

これを限られたスペースに収めるために「　」のように要約した。普通に行われていることだ。一般に古典的な著作は、グダグダと書かれているものだ。直接引用していたら教科書に収まらない。「　」は直接引用に限るという規則はない。

事例６

惣の掟三箇条が出された時期　子供無視の重箱のスミをつつく検定

170

❺惣の掟の例

一、寄合に、二度よびかけて出席しない者には罰金を支払わせる。

一、惣の森で木のなえを切った者は村人としての身分を奪う。

一、よそ者を保証人もないのに村内に住まわせてはならない。

（『今堀日吉神社文書』より一部要約）

［指摘事項］教科書 P89

［指摘事由］

生徒が誤解するおそれのある表現である。（三ヶ条がそれぞれ出された時期）

中世後期、領主による荘園支配がゆるむようになると、自分の権利は自分で守る「自力救済」の思想が社会に浸透するようになり、農民たちは階層を超えて自治集団を形成するようになる。これを惣とよぶ。惣では、バラバラだった農民たちの住居は集合して村落を形成し、灌漑用水の管理、水路や道路の修理、戦乱・盗賊からの自衛などを自治的に行うようになった。また、領主・地頭が徴収していた年貢も惣が一括して納入するようになる（地下請）。

この惣の規約を惣掟、あるいは村掟という。前述した数々の自治の決まりに加えて処罰についても規定し、違反したものは厳しく罰せられた。

自由社歴史教科書ではその惣掟の例として史料『今堀日吉神社文書』から3つを抜粋し、掲載した。

同文書は、滋賀県東近江市の今堀日吉神社に伝わる文書で、中世の今堀郷の商業と惣の形成の様子を伝える貴重な史料だ。

しかし、この資料の掲載が文科省の検定では欠陥とされた。三ヶ条が出された時期について「誤解するおそれのある」が理由である。

言うまでもなくここで重要なのは惣の掟の中身であり、中世の農民たちの自治についての考え方である。それぞれの掟の出された年号は、中学生に暗記が求められる事項ではない。まさに重箱のスミをつつく検定の一例と言えるだろう。

事例7

後鳥羽上皇がかかげた錦の御旗 後出しで指摘理由を変更する卑劣

❸錦(にしき)の御旗(みはた)　軍の先頭にかかげ、天皇の命(めい)を受けた正当な軍勢（官軍）であることを示す旗。写真は錦の赤地に金色で菊の紋章をかたどったものです。かつて、承久の乱の後鳥羽上皇や建武の新政の後醍醐天皇がかかげました。（江戸東京博物館蔵）

［指摘事項］教科書 P164

253

［指摘事由］

生徒が誤解するおそれのある表現である。
（承久の乱で後鳥羽上皇がかかげたとするのは断定的に過ぎる）

信頼性の高い『国史大辞典』には、「鎌倉時代に入って承久の乱にあたり、後鳥羽上皇から10人の大将に錦の御旗を賜って官軍の標としたことが『承久記』にみえており、また『太平記』三、笠置軍事附陶山小見山夜討事に『此ニテ一息休メテ城ノ中ヲ屹ト向上ケレバ、錦ノ御旗ニ日月ヲ金銀ニテ打テ着タルガ、白日ニ耀テ光リ渡リタル其陰ニ』と記されている」とある。「標」とするには、外から見える必要があり、それをシンボリックな意味も含めて「かかげた」とするのは、まったくもって失当ではない。

以上が、自由社が文科省に提出した反論である。

しかし、反論認否書を見て驚いた。認めない理由が変わっていた。「後鳥羽上皇が承久の乱においてこのようなデザインの旗を掲げたように誤解するおそれがある」。デザイン？　デザインの話はいつ出てきたのか？　ここまでくると、もはや茶番だ。

事例８

木戸孝允は吉田松陰の門下生ではない？ 表現の幅を認めない文科省検定の異常

250

過激化する尊王攘夷運動

幕府批判勢力の中心となっていたのは長州藩です。中でも吉田松陰は、黒船来航時にアメリカに渡ろうとして失敗したあと、萩の町の松下村塾という私塾で、門下生の若い藩士たちに尊王攘夷を説き、大きな感化をおよぼしていました。その松陰が安政の大獄で処刑されると、門下生の久坂玄瑞、高杉晋作、桂小五郎（木戸孝允）らは強く反発し、藩の実権を握りました。このため長州藩全体が過激な攘夷論となり、一部の公家たちと結んで朝廷をも動かしていくようになりました。

［指摘事項］教科書 P160-161

［指摘事由］

生徒が誤解するおそれのある表現である。（吉田松陰・松下村塾と木戸孝允との関係）

木戸孝允（桂小五郎）が松下村塾の塾生でなかったことは執筆者側も百も承知である。

しかし、嘉永２（１８４９）年に17歳の木戸は藩校・明倫館において吉田松陰より山鹿流兵学を学んでおり、師弟関係にあったのは歴史的事実だ。兄事していたとも言える。

江戸遊学中にも松陰とは親交があり、松陰の密航計画を支持している。安政6（1859）年、松陰が安政の大獄で処刑されたときにも、門人の伊藤博文らを率いて、松陰の遺体を引き取るため、小塚原の回向院にも出向いている。ここで残虐に殺害された松陰の姿を目の当たりにして討幕の意志を強くしたといわれる。松陰への敬慕の念があったことは間違いない。

文科省が欠陥指摘した箇所で使用された語は「門下生」。「塾生」であれば松下村塾出身者に限られ、木戸は含まれないが、「門下生」には単純に「弟子」を意味する用法もある。

教科書の限られた紙面の中で、久坂玄瑞、高杉晋作と共に木戸を松陰から教えを受けた「門下生」と一括りにすることは誤りとは言えない。

この程度の表現の幅すら認めない文科省の検定はやはり異常である。

事例9

「臥薪嘗胆」の故事の個人名まで要求？ 三国干渉後の国民の気概を示す標語

275

［指摘事由］

生徒が誤解するおそれのある表現である
（「戦いに負けた王やその子」）

日清戦争後に三国干渉に屈し、下関条約で得た遼東半島を放棄せざるを得なかった日本。国内では「臥薪嘗胆」を合言葉に、国力充実をつとめたことに関する側注へのダメ出しである。

改めて「臥薪嘗胆」について述べてみよう。中国の春秋時代、越王勾践に負けて命を落とした呉王闔廬の子、夫差はその悔しさを忘れまいと、薪の上に臥して（臥薪）、会稽の戦いで勾践を破り父の無念を果たした。その勾践は、今度は苦い胆を嘗めて（嘗

3 臥薪嘗胆　戦いに負けた王やその子が、薪(たきぎ)の上に寝て痛みにたえたり、胆(きも)を嘗(な)めて苦みを味わったりすることで、仕返しを忘れまいとしたという中国・春秋時代の故事です。

［指摘事項］教科書 P189　側注③

胆）復讐心を養い、夫差に勝ったという故事に基づく言葉である。

ところが検定の指摘によれば、生徒の誤解を招くという。恐らくは、王とかその子という表現ではなく勾践とか夫差という具体的名前を示さなければ「誤解」するじゃないかということらしい。

しかし、本稿は明治時代の国民の気概を示したものとして紹介したのであり、中国・春秋時代のことを教えるのが目的ではない。しかも難読な王や子の名前を出せば、生徒たちの理解にとって負担となる。従って側注は簡略化して書いているのであって、指摘は単なるイチャモンとしか思えない。

それともこうした「復讐心」をあおるような言葉を載せるなというのであろうか。それなら論外である。

事例10

神仏分離令と廃仏毀釈 廃仏毀釈は宗教政策のせいだけではない

264

［指摘事由］

生徒が誤解するおそれのある表現である。（廃仏毀釈の原因の説明として一面的である）

この指摘には続きがあり、自由社側の反論に対する認否書では「神仏分離令と廃仏毀釈との関連付けが十分ではなく、一面的な記述であり誤解するおそれがある」としている。

神仏分離令は1868（慶応4）年、維新政府が、奈良時代からの神仏習合の習慣を改めるため、神社から仏教色をなくすよう求めたものであり、これが結果的に廃仏毀釈の運動の一因であることは言うまでもない。

> 政府はこれによって、神道による国民意識の統合をはかろうとしました。
> いっぽう、幕府のもとで特権をもっていた仏教勢力への反発が起こり、各地で寺院や仏像を破壊する過激な動きがおこりました（**廃仏毀釈**（はいぶつきしゃく））。このとき、多数の仏像が世界に流出しました。行きすぎた動きを見た政府は、神道・仏教・儒教（じゅきょう）の３教により国民の意識を統合する方針に切りかえました。

［指摘事項］教科書 P179

この神仏分離令については、当該箇所の前で5行を使って記述、そのまま廃仏毀釈に続けており、生徒が読めば、これが廃仏毀釈の原因のひとつであることは十分に理解できる。

一方で、廃仏毀釈の原因がそれだけでないことも言える。江戸時代から仏教が特権を与えられていたことや、そのために僧侶の堕落が目立つことへの儒学者や国学者の反発があり、これが廃仏毀釈につながったことも事実だ。従って教科書の記述は決して一面的ではなく、むしろ多面的な理由があったことを示したもので、欠陥ではない。

むしろ調査官の意見は、神道を優先させた明治政府の宗教政策は間違っていたという、日本の伝統的宗教に対する抜き差しならない偏見に根差しているように思えてならない。

事例 11

196 秀吉の天下統一地図へのイチャモン 表現不可能なデザインを求める文科省

［指摘事由］

生徒が誤解するおそれのある表現である。
（印のある地点で実際に戦闘があったかのように誤解する）

文科省は、地図中の「四国平定」、「九州平定」、「奥州平定」について「印のある地点で実際に戦闘があったかのように生徒が誤解する」と指摘する。

教科書に掲載の地図は豊臣秀吉の天下統一事業の推移と拡大を表現するもので、実際に戦闘があった場所を正確に表現することを目的としていない。印が合戦のあった場所を意味するとの注釈はどこにも存在せず、教科書調査官の勝手な勘違いである。

そもそも大名同士の戦いを１か所の点で表現することは簡単ではない。「毛利攻め」

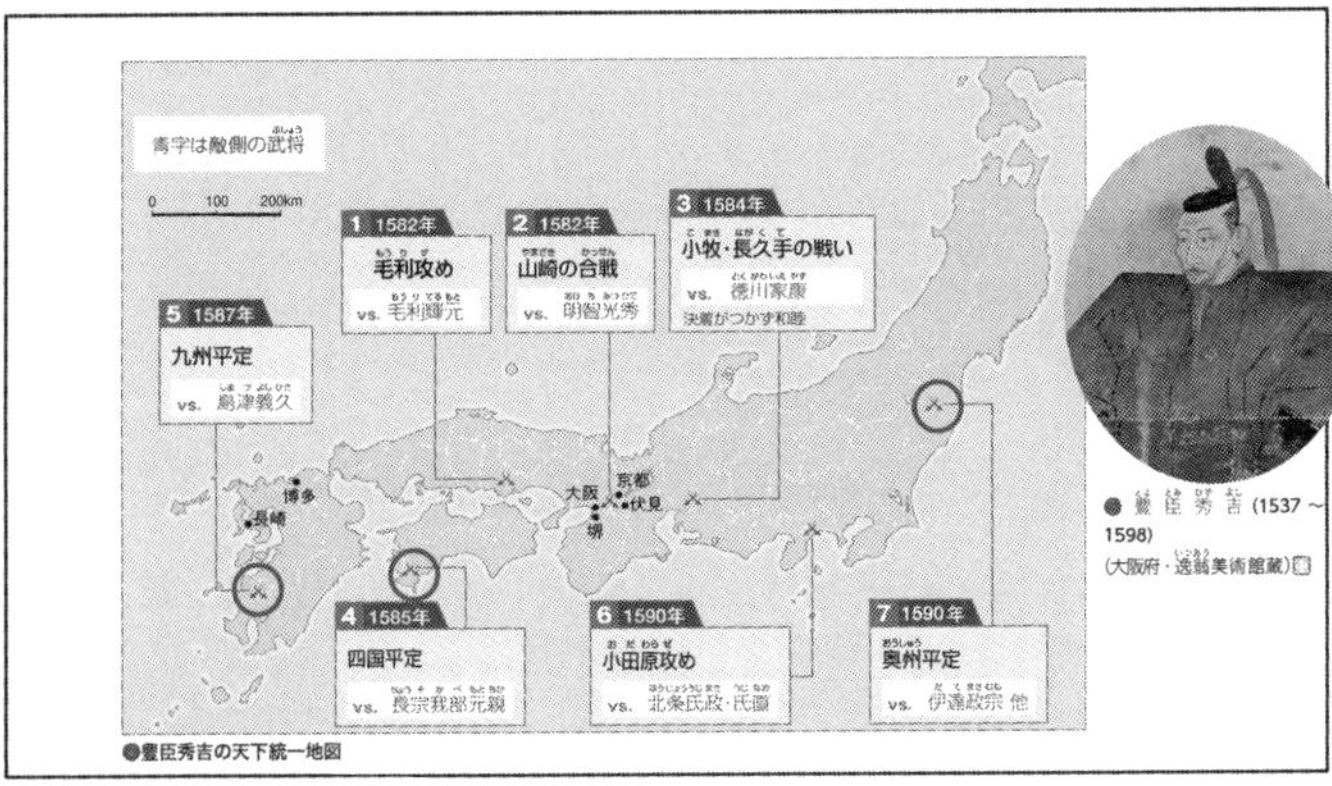

●豊臣秀吉の天下統一地図

［指摘事項］教科書 P113

は便宜上、備中高松城付近に印を付したが、備中・備前各地、瀬戸内や山陰方面でも秀吉と毛利氏の戦いは進行している。「小牧・長久手の戦い」も、小牧と長久手だけでなく、伊勢や美濃、畿内まで含めた秀吉方対家康方の戦いを指すこともある。

このように大名の戦いを1か所の点で示すことは難しい事実の上に地図は作製されている。「毛利攻め」から「奥州平定」までの7つ全てに「印を付さない」という選択肢もあり得るが、デザイン上の工夫として自由社の歴史教科書では7つ全てに印を付した。

これが欠陥とはあまりに意地の悪い検定ではないか。

○義務教育諸学校教科用図書検定基準　＜1＞

（平成29年8月10日文部科学省告示第105号）

第1章　総則

（1）　本基準は、教科用図書検定規則第3条の規定に基づき、学校教育法に規定する小学校、中学校、義務教育学校、中等教育学校の前期課程並びに特別支援学校の小学部及び中学部において使用される義務教育諸学校教科用図書について、その検定のために必要な審査基準を定めることを目的とする。

（2）　本基準による審査においては、その教科用図書が、教育課程の構成に応じて組織排列された教科の主たる教材として、教授の用に供せられる児童又は生徒用図書であることにかんがみ、知・徳・体の調和がとれ、生涯にわたって自己実現を目指す自立した人間、公共の精神を尊び、国家・社会の形成に主体的に参画する国民及び我が国の伝統と文化を基盤として国際社会を生きる日本人の育成を目指す教育基本法に示す教育の目標並びに学校教育法及び学習指導要領に示す目標を達成するため、これらの目標に基づき、第2章及び第3章に掲げる各項目に照らして適切であるかどうかを審査するものとする。

【教育基本法（平成18年法律第120号）（抄）】

（教育の目標）

第2条　教育は、その目的を実現するため、学問の自由を尊重しつつ、次に掲げる目標　を達成するよう行われるものとする。

一　幅広い知識と教養を身に付け、真理を求める態度を養い、豊かな情操と道徳心を培うとともに、健やかな身体を養うこと。

二　個人の価値を尊重して、その能力を伸ばし、創造性を培い、自主及び自律の精神を養うとともに、職業及び生活との関連を重視し、勤労を重んずる態度を養うこと。

三　正義と責任、男女の平等、自他の敬愛と協力を重んずるとともに、公共の精神に基づき、主体的に社会の形成に参画し、その発展に寄与する態度を養うこと。

四　生命を尊び、自然を大切にし、環境の保全に寄与する態度を養うこと。

五　伝統と文化を尊重し、それらをはぐくんできた我が国と郷土を愛するとともに他国を尊重し、国際社会の平和と発展に寄与する態度を養うこと。

＊教科書検定の根拠となる「検定基準」を4回に分けて掲載。続きは142ページへ。

■2

前回検定に合格した箇所でも平気で不合格に
他社なら合格　自由社だから不合格

事例12

魏志倭人伝の描く邪馬台国「」は直接引用に限るという規則はない

66

220年に漢が滅んでから、6世紀末までの約370年間、中国大陸では複数の国に分裂した時代が続きました。魏・呉・蜀の3国がたがいに争った三国時代の魏の国の歴史書には、3世紀前半ごろまでの日本について書かれた漢字2000字ほどの記述があり、「**魏志倭人伝**」とよばれています。

魏志倭人伝には、「倭の国には**邪馬台国**という大国があり、30ほどの小国を従え、女王の**卑弥呼**がこれをおさめていた」と記されていました。

卑弥呼が魏の都に使いを送り、魏の皇帝から「親魏倭王」の金印と銅鏡100枚などの贈り物を授かったことも書かれていました。ただ、邪馬台国の所在地については、九州説と大和説（畿内説）があり、結論は出ていません。

［指摘事項］教科書 P35

1 『三国志』の中の魏志（魏の国の歴史書）に、東アジアの諸国をあつかった「東夷伝」があり、さらにその中に「倭人」の項がある。この部分を簡単に「魏志倭人伝」とよんでいる。

［指摘事項］教科書 P40

［指摘事由］

生徒が誤解するおそれのある表現である。（魏志倭人伝の忠実な引用であるかのように誤解する）

「生徒が誤解する」。しかし、どこにも思い当たる節はない。そこで、［指摘事由］をよく見ると、（　）で括って、生徒が誤解するらしい内容が書かれていた。「　」内の記述が、「魏志倭人伝の忠実な引用であるかのように誤解する」というのである。

肩すかし、拍子抜け、である。内容は関係がなかったのだ。姑息な言いがかりである。しかも、前回は全くの同じ文言で、何の検定意見もつかず、立派に合格していたのだ。担当した教科書調査官もほとんど同じである。

カギ括弧が直接引用に限るという規則はない。そんなことを言えば、新聞記者は記事を書けなくなる。学術論文や訴訟記録ではそういうことがあるが、教科書は学術論文ではない。自由社を落とすために、教科書調査官は世の中にありもしない規則を捏造した。しかも、自分たちも全く信じていない規則を。これはまさに不正検定である。

事例 13

十三湊を拠点としたアイヌとの交易
前回検定合格、今回は不合格

166

【指摘事由】

生徒が誤解するおそれのある表現である。
（アイヌが十三湊を拠点にして交易を始めたように誤解する）

【蝦夷地（北海道）では、アイヌと呼ばれる人々が、狩猟や漁業を行っていましたが、14世紀ごろに、津軽（青森県）の十三湊を拠点にした交易が始まり】

これについて、「アイヌが十三湊を拠点にして交易を始めたように誤解する」として欠陥箇所とされた。こんな誤解をする者はいない。こじつけだ。

- 蝦夷地（北海道）アイヌ
- 津軽（青森県）

蝦夷地との交易

蝦夷地（北海道）では、**アイヌ**とよばれる人々が、狩猟や漁業を行っていましたが、14世紀ごろに、津軽（青森県）の十三湊を拠点にした交易が始まり、鮭・昆布・毛皮などをもたらしました。それらの産物は、日本海を通って畿内へも運ばれるようになりました。

［指摘事項］教科書 P87

と書き分けられていて、両者のあいだで交易が始まったのだから、津軽（青森県）を拠点としたのは日本人であることは自明である。

あえて「日本人が」と書いていないのは、文章全体が一貫して日本人の視点から書かれているからである。小見出しも「蝦夷地との交易」となっていて、当然、主体は日本人である。その証拠に、右の引用部分に続いて、「鮭・昆布・毛皮などをもたらしました。それらの産物は、日本海を通って畿内へも運ばれるようになりました。」と書かれている。

検定調査官はパラグラフ全体を読まずに部分を途中で切れた形で不自然に引用し、「誤解する」とこじつけて欠陥箇所の数を稼ごうとした。

しかし、自由社現行版にも全く同じ記述があるが検定意見がついていない。「誤解」を言い張るなら調査官は前回の検定の責任をとって辞任してから主張すべきだ。

事例14

江戸時代の日本式数学 前回検定で○、今回検定で×

211

［指摘事由］

生徒が誤解するおそれのある表現である。（断定的に過ぎる）

問題とされた記述は、前回の平成26年度検定に合格したものと同じである。前回は【この和算と呼ばれる日本式数学は、きこりや樽職人までが楽しみ、しかも世界的水準をこえていた】となっている。これで合格していた。

今回の記述は、【この日本式数学は、町人のみならず、きこりや樽職人までが問題を出し合って楽しみ、しかもその内容は当時の世界的水準を超えていました】である。実質的に同じ記述だと言ってよい。強いて言えば、楽しむ庶民の中に町人を新たに

> 自然科学の分野でも日本独自の発達が見られます。**関孝和**(せきたかかず)はそろばんを使っていた計算を筆算で行う方法を編(あ)み出すなど、和算(わさん)とよばれる学問を創始しました。この日本式数学は、町人のみならず、きこりや樽(たる)職人までが問題を出し合って楽しみ、しかもその内容は当時の世界的水準をこえていました。

［指摘事項］教科書 P129

加えたことであろう。江戸時代の庶民の文化の担(にな)い手の中心は町人であるから、町人を加えたのはむしろ改善というべき変更であろう。そして庶民が日本式数学を楽しみ、問題と答えを絵馬に書いて近くの神社に奉納したりしていたことは広く知られている史実である。

これに対して教科書調査官は「生徒が誤解するおそれのある表現である。（断定的に過ぎる）」との意見を付して欠陥箇所に指定した。

そこで執筆者側は「現行版教科書で既に合格とされている記述である。また、世界的水準を超えていたことは、極めて一般的な説であり、指摘は不適切である」と反論した。これに対して調査官は「現行の教科書とは記述が異なり、申請図書では、『町人』や『きこり』・『樽職人』までが世界的水準の数学を楽しんだとする記述になっており、誤解するおそれがある。反論は認められない」と返してきた。

しかしこれは明らかな言いがかりである。たしかに文言上からすれば17世紀に微分積分を考え出したイギリスのニュートンやドイツのライプニッツの扱った当時における文字どおり最高度の数学を含んだことになる。が、しかし、中学生の常識からすれば、庶民同士の数学のレベルで比較して言っていることは一目瞭然であり、誤解するはずのないことは火を見るよりも明らかである。

にもかかわらず、中学生が絶対に想像することはありえない意味を文言の中から見つけ出して欠陥だとするのは、ためにする、つまり一発不合格にするためにする難癖以外の何ものでもない。その悪意が図らずも鮮明に明らかになっているところだと言わなければならない。

事例15

江戸時代の米価2倍をこえず 前回検定で○、今回検定で×

221

> 江戸市中のゴミは定期的に集められ、船で運ばれて、江戸湾の埋め立てに使われました。また、古い帳簿などの紙クズや、こわれた鍋、包丁、傘、釘、茶碗にいたるまで回収し、修理して再利用されました。
>
> 衣料は貴重品なので、何度も仕立て直されました。古着商が日本橋や神田川べりに軒をつらねて繁盛し、その組合には行商人もふくめて1100人も加盟していました。
>
> 江戸時代はこのような高度に発達したリサイクルをふくむエコロジー社会ができていました。環境面ばかりでなく、物価をみても、どんな不作のときも米価は2倍をこえず、そば代も銭湯代も200年間据え置きという安定した社会がつづいたのです。

［指摘事項］教科書 P140

【指摘事由】

生徒が誤解するおそれのある表現である。

（基準の問題及び地域差）

現行版は【どんな不作のときも米価は2倍をこえず】（147ページ）。一字一句、全く同じだ。前回合格しても今回は落とされる。著者としては立つ瀬がない。

事例16

レザノフ来航と樺太・択捉襲撃 自由社の記述に欠陥なし

241

1804（文化元）年にはレザノフが派遣されて幕府に通商を求めました。幕府が鎖国を理由に拒否すると、彼らは樺太や択捉島にある日本人の居留地を襲撃し日本人を殺傷しました。この報告が届くと、国内ではロシアに対する危機感が高まりました。

幕府は松前藩の領地である蝦夷地（北海道）を幕府の直轄地にしてロシアに備え、近藤重蔵や**間宮林蔵**に、樺太を含む蝦夷地の大がかりな調査を命じました。間宮林蔵は蝦夷地から樺太にかけて踏査し、従来大陸の陸続きであると思われていた樺太が島であることを世界で初めて発見しました（間宮海峡）。

19世紀に入ると、イギリスとアメリカの船も、日本近海にやって来ました。

［指摘事項］教科書 P156

［指摘事由］

生徒が誤解するおそれのある表現である。（幕府の通商拒否と日本人居留地襲撃との時間的関係）

18世紀の末、欧米の外国船が続々と日本近海に姿を見せた時代、1804（文化元）年、ロシアのレザノフ一行は日本に対して通商を求めるため、長崎に来航する。しかし、レザノフ一行に対する幕府の対応は冷淡で、約半年間、一行を出島に留め置いたうえ、外国と通交しないこと（鎖国）は「朝廷歴世の法」であるとしてレザノフの要求を拒否する。

レザノフはこの幕府の対応に憤激し、1805年、アリューシャン列島からロシア皇帝に対して、日本への軍事的圧力が必要であることを説き、樺太と南千島への攻撃を上申する手紙を書き送った。レザノフには日本への攻撃を実施させる権限がなかったからだ。

しかし、怒り心頭のレザノフは皇帝からの返書を待てず、部下のフヴォストフに出撃を命ずる。後にレザノフは命令を撤回するものの、フヴォストフ率いるロシア軍は1806年に樺太の松前藩居留地を、翌1807年には択捉島の駐留幕府軍を襲撃する。これを文化露寇といい、日本人に北方の守りの重要性を認識させる事件となった。

文科省は自由社教科書の記述を「生徒が誤解するおそれのある表現である。（幕府の通商拒否と日本人居留地襲撃との時間的関係）」と指摘する。レザノフ自身は襲撃に参加しておらず、択捉島襲撃の際には死去しているが、時系列的に問題はないと考える。

事例17

毛利輝元は西軍の大将格ではない？次元の違う細部をあげつらう詭弁

194

［指摘事由］

生徒が誤解するおそれのある表現である。（輝元が関ヶ原で実際に戦闘に参加したかのように誤解する）

１５９８（慶長３）年、豊臣秀吉は五大老・五奉行が遺児・秀頼を支えて政治を行っていくことを遺言し、死去する。

新たな豊臣政権の中心となったのが五大老筆頭の徳川家康であったが、その政治への反発は徐々に高まり、１６００（慶長５）年になって政権内部の権力闘争はピークを迎えることになる。

６月に徳川家康が上杉征伐のために畿内を離れると、反家康派の二大老（毛利輝

②300年以上命脈を保った毛利氏

毛利元就
(1497～1571)

守護大名の配下から下剋上でのし上がった戦国大名の代表的人物が、毛利元就です。元就が毛利家を継いだときは、豪族の尼子氏に仕える安芸（広島県）のひとりの国人にすぎませんでした。しかし、その後その尼子氏や守護大名の大内義隆を破った陶晴賢らを次々と破り、ほぼ中国地方全土を支配する大名となりました。

元就の孫、輝元の時代には豊臣秀吉政権の重臣となり、関ヶ原の戦いでは西軍の大将格として徳川家康に敗北しました。しかし多くの戦国大名が滅んでいった中で、周防、長門両国（山口県）を治める大名として、江戸時代の幕末まで300年以上命脈を保ち、薩摩の島津氏とともに、明治維新の原動力の役割をはたしました。

［指摘事項］P108

元・宇喜多秀家）・四奉行（石田三成・長束正家・増田長盛・前田玄以）は「秀頼の意思とは無関係な私戦を行った」と家康を弾劾し、政権を掌握する。この二大老・四奉行それぞれの筆頭が毛利輝元と石田三成である。輝元は家康に代わって大坂城西の丸へ入城し、反家康派諸大名の推挙でいわゆる西軍の盟主となり、秀頼の補佐と軍事の指揮を執った。

近年、輝元が担がれただけの盟主ではなく、主導的な役割を果たしていたという研究も盛んとなっている。

平成28年に検定合格した山川出版社の高校日本史教科書『詳説日本史』にも「三成は五大老の一人毛利輝元を盟主とし」との記述があり、西軍のトップが毛利輝元であることは歴史教科書としても一般的な内容と言えよう。

また文科省指摘の該当箇所は毛利氏について記述した小コラムの中の話であり、関ヶ原の戦いについては別ページの本文において、学習上必要な記載をしている。自由社歴史教科書の記述が、生徒の関ヶ原の戦いへの理解と学習に支障をきたすとは到底考えられない。

文科省の検定は毛利輝元が実際の関ヶ原の戦闘に参加しなかったことを問題視して

「欠陥」箇所とした。だが、合戦後の9月24日に加藤清正が鍋島直茂に送った書状では「関ヶ原表之合戦」で「輝元方敗軍」との記述があり、実際に戦場に赴いておらずとも、同時代の武将が輝元を西軍トップとみなしていることは史料からも明らかである。大将格の人物が必ずしも戦場に赴くとは限らず、そのような狭い視野で事実を見る行いこそ、生徒に誤解を生じさせるのではないか。

教科書調査官のこのような人物の実際の行動にこだわる横暴な指摘を認めるならば、例えば「足利義満が建てた金閣」は「実際に足利義満が現場で大工として金閣を建てたと誤解する」という理由により歴史教科書での記述は認められないはずだが、そんなことはない。

詭弁による恣意的な検定の動かぬ証拠である。

事例 18

「ペリー神奈川上陸図」は絵画の名称？揚げ足取りで欠陥箇所を積み上げる

249

【指摘事由】

不正確である。

ペリー一行の神奈川（横浜）上陸を描いた絵画をみなさんも教科書やその他の書籍で一度は目にしたことがあるだろう。

文部科学省は、教科書159頁に掲載した同絵画のキャプション「ペリー神奈川上陸図」について「不正確である」との指摘を行った。

これは同キャプションが、絵画の正式名称であると理解できるとの理由によるものらしい。しかし、我々が当該箇所のキャプションで生徒たちに学習させたいのは「ペリーの上陸」という歴史的事実であって、『ペルリ提督横浜上陸の図』という絵画の正

❺ペリー神奈川上陸図　1854年1月、2回目に来航したとき、前年を上回る7隻（のちに9隻）の艦隊をひきつれ、約500名の兵士が儀仗兵のいでたちで上陸し、整然とした隊列の動きはさらに日本側を威圧しました。（神奈川県・横浜開港資料館蔵）

［指摘事項］教科書 P159

式名称ではない。この絵画は、文化史の単元で扱われる教材でもなく、その名称が受験で問われることもないだろう。生徒たちにとって学習上必要な事柄ではないのだ。

加えて問題なのは、他社の教科書には自由社教科書と同様に正式名称で記さずに検定をパスしているケースがあることだ。平成26年度に検定合格した東京書籍の歴史教科書では自由社と同じ絵画のキャプションに「ペリーの上陸」、同・学び舎の歴史教科書では「横浜に上陸するペリー」と記述している。これらも自由社と同じ観点で検定を行うなら「不正確である」との指摘を行うべきだろう。

揚げ足取りで欠陥箇所を積み上げた一例と言えるだろう。

事例 19

223 長屋の一角「復元されたもの」と書け 子供の調査報告の写真にあり得ない難クセ

４畳半に平均４人が住んでいた

［指摘事項］ 教科書 P142

［指摘事由］

生徒が誤解するおそれのある表現である。（写っている「長屋の一角」「四畳半」が復元されたものであることがわからない）

この欠陥箇所指摘のターゲットは写真。「歩いてみよう！　江戸の町」という調べ学習のコーナーで、深川江戸資料館（江東区白河）に子供が行ってわかったことをまとめた記述の中に出てくる写真である。教科書調査官は、これら２枚の写真

長屋の一角。稲荷（右奥）、井戸（右手前）、ゴミ箱（左手前）、厠（左奥）。

［指摘事項］教科書 P142

に写っている家屋が「復元されたものであることがわからない」という。バカも休み休み言え、と言いたい。

文科省に提出した反論書に次のように書いた。「このページは、子供たちが深川江戸資料館を訪れ、その研究発表をしたというつくりである。つまり、この写真は資料館内で撮影したことは自明であり、復元物であることは容易に想像がつく。誤解するおそれはない」。指摘は不適切である。これを「否」判定した文科省の回答は次の通り。「博物館の展示であっても、復元されたものであることが明示されておらず、誤解するおそれがある。反論は認められない」。だが、写真をよく見ていただきたい。展示されているのは単なるモノではない。四畳半であり、長屋の一角だ。これが実物だと誰が思うだろうか。教科書調査官の頭は大丈夫か？　しかも、育鵬社の同類の図版には検定意見がついていない。

事例 20

伊波普猷の「一種の奴隷解放」という言葉
前回検定では○、今回検定では×

262

12）年、琉球を正式に日本領とした琉球処分でした。沖縄学の父といわれる伊波普猷は「琉球処分は一種の奴隷解放だ」と表現しました。身分差別を撤廃した近代的な法制度が導入されたからです。

琉球王国の内部は、沖縄県として近代化していこうとする日本派と清国の権威に頼ろうとする守旧派に分裂していましたが、日清戦争で日本が勝利したことで、この対立は終わりをつげました。

［指摘事項］教科書 P174

［指摘事由］

生徒が誤解するおそれのある表現である。
（伊波普猷のいう「奴隷」状態）

まず、初めに指摘しておきたいことが二つある。

一つは、伊波普猷は「奴隷状態」とはいっていない。実際は検定用教科書の文章のように「琉球処分は一種の奴隷解放だ」と述べている。「一種の」というところが肝心で、それについては後で説明するが、このような不正確な引用で、「不可」

とするとは何事かと言いたい。

もう一つは、この表現は前回の教科書検定で合格していることだ。同じものを前回は合格とし、今回は「不可」とする恣意的な行いは許されない。

さて、伊波普猷は沖縄出身の民俗学者、言語学者で沖縄学の父といわれている大学者である。伊波は「琉球処分は廃藩置県に相当する一種の奴隷解放である」という主張を大正3（1914）年に『琉球新報』紙上で発表している。第一は、薩摩藩支配下での一種奴隷制度からの解放。第二は、奴隷制度の下で培われた奴隷精神からの解放。第三は琉球王国下での奴隷状態から庶民をともかく解放した（本土の四民平等と同じ）という意味である。

沖縄学の大家の言葉をそのまま載せたのを、生徒が誤解する恐れがある、として「不可」判定するとは、調査官の思い上がりも甚だしい。どういう意味か、その簡単な説明はこれに続く「身分差別を撤廃した近代的な法制度が導入されたからです」という文章によって十分になされている。

これ以上のことは生徒が自主的に調べるか、先生が説明するかすればよいことである。沖縄学の父の言葉を抹殺するとは何事かと言いたい。

事例 21

ロンドン軍縮会議「10:10:7」は欠陥？高校の教科書にもない数字を強要

309

❽ 軍縮の時代

ワシントン会議（1921 年）以来、日本の陸海軍でも大幅な軍縮が行われました。1930 年のロンドン軍縮会議がこれに拍車をかけました。「軍縮の時代」と言われ、陸軍の場合、欧米諸国とは異なり、軍の近代化が進まないまま軍縮が行われました。米英日の補助艦の比率が 10：10：7 に定められ、危機感を抱く軍人も増えました。

［指摘事項］教科書 P225

【指摘事由】

不正確である。

（日本の比率）

1930年、ロンドンで海軍軍縮会議が開かれ、各国が保有する補助艦（大型巡洋艦、小型巡洋艦、駆逐艦、潜水艦の総称）の総トン数を条約で定めた。この比率について、ミニコラムで、

【米英日の補助艦の比率が10：10：7に

定められ】と書いた。これに検定意見がつき、「不正確である」という。日本の比率は6・975でなくてはならないという意味である。反論認否書の「認めない理由」欄には、「『69・75％』は歴史的に大きな意味があり、『7割』とするのは不正確である」と書かれている。海軍が「対米英比7割」を死守できなかったのは、天皇の統帥権の干犯であると横車を押して、いわゆる統帥権干犯問題が起こったので、この細かい端数に意味があると言いたいのである。執筆者側もそんなことは先刻承知の上で、統帥権干犯問題にはふれるつもりがないので、「10：10：7」の概数で示したのである。

ここでは一体、何が争点なのであろうか。歴史の事実に関する認識については、教科書の執筆者と教科書調査官の間に争いはない。問題の焦点は、ここで何を学習の主題として設定し、何を学ばせる目標とするか、その主題・目標に適合する数字は何か、という問題である。教科書が設定した主題・目標は、「軍縮の時代」がやって来て、軍人は不満のタネを抱えていたことを生徒に分からせることである。かといって、統帥権干犯問題のような憲政史上の複雑な問題を中途半端に取り上げるつもりは全くない。だから、この教科書が設定した目標に適合的なのは、概数の比率であり、それで十分である。

この件で、高校の歴史教科書にはどのように書かれているであろうか。代表的な例を挙げてみる。

▽『日本史Ｂ・詳説日本史』（山川出版社２０２０年版）３４４ページには、【当初の日本の要求のうち、補助艦の総トン数の対イギリス・アメリカ約７割は認められたものの、大型巡洋艦の対米７割は受け入れられないまま、政府は条約調印に踏みきった】と書かれていて、端数のある数字は出していない。

▽『世界史Ｂ・精説世界史』（山川出版社２０１４年版）３４１ページでも同様に、【補助艦保有トン数、合衆国・イギリス・日本の比率はほぼ10：10：7】とある。

高校の用語集・資料集などでも同様に小数点以下端数のある数字は登場しない。

▽『日本史用語集』（山川出版社・全国歴史教育研究協議会編、２０１８年12月発行）３１８ページに、【ロンドン海軍軍縮条約　補助艦トン数比率を英・米・日でほぼ10：10：7と決定した】と記述している。

▽『詳説世界史図録』（山川出版社第３版、２０２０年）２２５ページに、【補助艦ほぼ10：10：7に定める】と記述。

以上、最近20年間の高校教科書、歴史用語集、資料集の例をあげてみた。高校でもこの程度の記述となっている。従って、中学校レベルでは「10：10：7」で十分である。念のため、中学校歴史教科書における最大手・東京書籍の教科書がどうなっているかを確かめておこう。

▽東京書籍『新しい社会　歴史』現行版には10：10：7で、小数点以下の数字は出ていない。次は学習参考書。

▽『中学詳説用語&資料集　社会』現行版（受験研究社）211ページに、【ロンドン海軍軍縮条約で補助艦の保有量の割合をアメリカ10、イギリス10、日本7と定めた】と記述されている。結論をいえば、調査官がつけた検定意見は、何としても気に入らない教科書を抹殺したい願望から出た言いがかりである。補足的解説をすれば、日本海軍がロンドン海軍軍縮条約締結に反対した本当の理由は、軍略上希望した大口径砲を搭載した大型巡洋艦の対米比率10：7が10：6になったこと、並びに潜水艦の総トン数で希望した保有潜水艦7万8000トンが認められなかったことである。調査官はこの反対の本質を認識せず、あるいは誤った認識を装って、統帥権干犯問題という筋違いの論点から数字をネタに文句を入れて来たのだ。最後に、ロンドン海軍軍縮条約の補助艦保有総トン数の米英日の詳しい比率は、実は、「10：10・29：6・975」である。教科書調査官はこれは指摘しなかった。知らなかったのであろうか。

事例22

274　清国分割と日本の「勢力圏」他社では認めている塗色を問題視

〔指摘事由〕

生徒が誤解するおそれがある表現である。

（植民地と勢力圏の色分け）

イギリスは三角貿易によって清国にインド産のアヘンを売っていた。清がアヘンの輸入を禁止すると、イギリスは自由貿易を口実にアヘン戦争、次いでフランスと共同してアロー戦争を仕掛けた。その結果、香港、九龍の割譲、沿岸部都市の開港などが行われ、しだいに清国はヨーロッパ列強諸国に蚕食されていった。

朝鮮での清と日本の勢力争いは日清戦争となった。日本の日清戦争勝利による台湾などの領土獲得に引き続いて三国干渉が行われた後の清国における列強諸国の勢力範

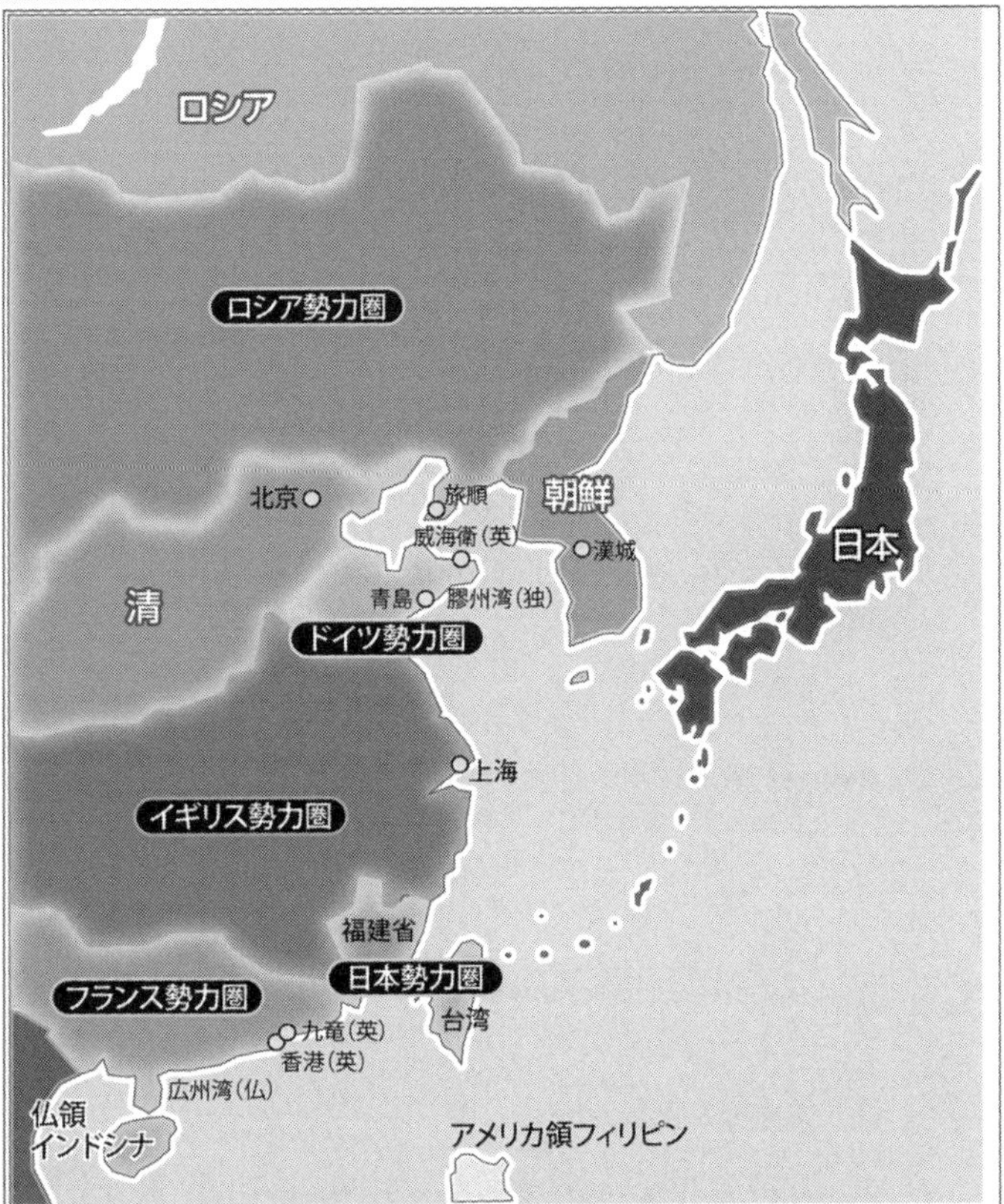

❺列強による清国分割（1899年当時）　朝鮮、台湾と、台湾に近い福建省が日本の勢力圏でした。

［指摘事項］教科書 P134

囲（勢力圏）を示したのがこの図である。

検定意見は日本の植民地と勢力圏の塗色の区別が出来ていないと指摘する。しかし、東京書籍中学歴史教科書現行版においても台湾（植民地）と福建省（植民地ではない勢力圏）は同じ色塗りとなっている。

さらに育鵬社現行版にも自由社検定本と同じく台湾（植民地）と福建省・朝鮮（植民地ではない勢力圏）を区別しない同じ塗色が使われている。

自由社検定申請本には本文中に台湾が日本に割譲されたことが記述され、特別にコラムを設けて図の下方に配置し、そこで台湾総督府に言及して台湾が日本の統治下に入った植民地であったことを詳しく説明してある。図では日本の勢力が及ぶ範囲を同色で理解しやすく表示してある。しかも朝鮮が独立国であるとわかるように清国と同様に白抜き太字で朝鮮と示されている。しかも図の状況が１８９９年ごろと年代を明記して注意を喚起している。東京書籍現行版、育鵬社現行版の図には年代表記はない。

自由社の検定本は他社の現行版では認められている同一色の配色を採用して、コラムで植民地台湾を詳しく説明してある。それにもかかわらず検定では、現行本との僅(わず)かな塗色の違いを改良点と見ないで、意識的に問題点に仕立て上げたものである。

■3

学習指導要領を読まない教科書調査官
教育的配慮は歯牙にもかけず

事例 23

「長すぎる古代」は学習指導要領の責任　民間教科書会社に罪をなすりつけるな！

130

【指摘事由】

生徒にとって理解し難い表現である。
（アフリカにおけるホモ・サピエンス誕生と日本の古代史とを結ぶ意味）

教科書の第1章は「古代までの日本」である。どうしてこういうタイトルを付けたかといえば、文科省が定めて強制力を持つ学習指導要領に、「古代までの日本」と書かれているからである。

ところで、戦後の歴史教科書は、神話から始めるのではなく、考古学から始めることになった。さらに言えば、人類の誕生から始めることもすっかり定着しているから、古生物学から始めると言ってもよい。他方、日本の古代史は平安朝の摂関（せっかん）政治あたり

(兄)

古代までの日本は、約 20 万年前のアフリカでの「ホモ・サピエンス」（知恵のあるヒト）の誕生から、11 世紀末の摂関政治の終わり頃まで、とても長いね。それで、下のまとめ図では、これを 4 つにわけているんだね。

［指摘事項］教科書 P68

までである。いかにも長いので、自由社の教科書は独自の時期区分を試みた。詳しくは教科書本体を見ていただくことにして、1章のまとめを兄弟の対話で構成した。兄が言う。

【古代までの日本は、約20万年前のアフリカでの「ホモ・サピエンス」（知恵のあるヒト）の誕生から、11世紀末の摂関政治の終わり頃まで、とても長いね】

何とこれが「欠陥箇所」なのだそうだ。理由は「アフリカにおけるホモ・サピエンス誕生と日本の古代史とを結ぶ意味」が「理解し難い」からだという。

聞きたいのはこちらのほうだ。「ホモ・サピエンス」と「摂関政治」の間に直接のつながりがあろうはずもない。学習指導要領がそうなっているから、仕方なくそれに合わせて教科書をつくっているだけだ。「長すぎる古代」は学習指導要領の責任である。まずいと思うなら変えればよい。自分たちの責任を棚に上げて、民間の教科書会社に罪をなすりつける横暴はやめてもらいたい。

事例24

聖徳太子は律令国家の方向を示したか 学習指導要領を読まない教科書調査官

100

> **聖徳太子と仏教と古来の神々**
>
> 聖徳太子は、607年に法隆寺を建てるなど、仏教を篤く信仰しました。しかし、同時に、日本古来の神々を大切にすることも忘れませんでした。この年の儀式で、太子は多数の役人をひき連れ、朝廷は伝統ある神々を祀り続けることを誓いました。こうした姿勢は、外国の優れた文化を取り入れつつ、自国の文化も大切にするという日本の文化的伝統につながったと考えられます。
>
> 聖徳太子は、内政でも外交でも、8世紀に完成する日本の古代律令国家建設の方向を示した指導者でした。太子が活躍した7世紀には、政治や文化の中心が奈良盆地南部の飛鳥地方にあったので、このころを**飛鳥時代**とよびます。

［指摘事項］教科書 P47

［指摘事由］

生徒にとって理解し難い表現である。（聖徳太子と古代律令国家建設との関係についての学説状況）

教科書が学習指導要領に基づいて編集・執筆される。教科書検定も学習指導要領に基づき行われる。最終的な決め手は学習指導要領である。

そこには次のように書いてある。

「律令国家の確立に至るまでの過程」について

は、「聖徳太子の政治、大化(たいか)の改新から律令国家の確立に至るまでの過程を、小学校での学習内容を活用して大きく捉(とら)えさせるようにすること」

つまり、「律令国家の確立に至るまでの過程」という教育内容を、①聖徳太子の政治②大化の改新③律令国家の確立の3つの事柄を通して教えることを指示している。「聖徳太子の政治」がその最初に置かれているのだから、それは「律令国家の確立」に至る第一歩として他ならぬ学習指導要領が位置づけているのである。欠陥とされた記述はその指示に忠実に従っただけである。【聖徳太子は内政でも外交でも、8世紀に完成する日本の古代律令国家建設の方向を示した指導者でした】と教科書本文に書いた。何の問題もないし、「生徒にとって理解し難い表現」などどこにもない。

ちなみに事例69（182ページ）に教科書19ページのケイ囲みが掲載されている。そこには、聖徳太子の1行紹介としてちゃんと「日本の律令国家へ方向づけをした」と書いている。これには何の意見も付けていない。いい加減極まりない検定だ。教科書調査官は学習指導要領を読んでいないと断定できる。

事例25

戦国時代は中世か近世か　歴史の連続性を断ち切る文科省の歴史観

193

［指摘事由］

学習指導要領の示す内容の取扱いに照らして、扱いが不適切である。（内容の取扱い(3)のイの「『応仁の乱後の社会的な変動』については、戦国の動乱も取り扱うようにすること」）

自由社の歴史教科書では、戦国大名について学習する単元を教科書第3章・近世の冒頭部分に置いた。これは戦国大名による領国経営の延長線上に江戸幕府の統治があり、戦国大名が近世の幕を開いたという考えに基づいている。

これが指摘では「学習指導要領の示す内容の取扱いに照らして、不適切」とされた。確かに平成29年改訂の学習指導要領では「『応仁（おうにん）の乱後の社会的な変動』については、

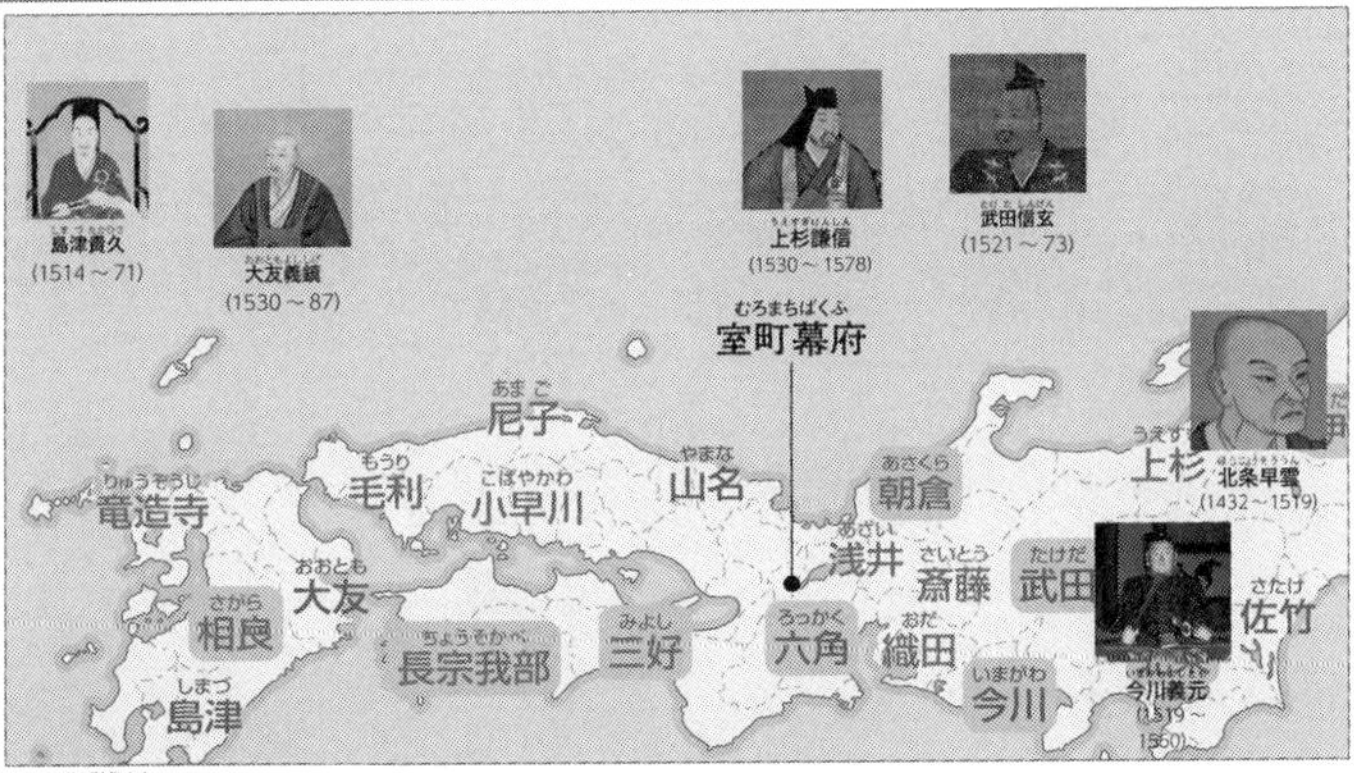

●主な戦国大名（16世紀ごろ）

33 戦国大名

戦国大名は新しい型の統治者として、
どのような特徴をもっていたのだろうか

○300年以上命脈を保った毛利氏

守護大名の配下から下剋上でのし上がった戦国大名の代表的人物が、毛利元就です。元就が毛利家を継いだときは、豪族の尼子氏に仕える安芸（広島県）のひとりの国人にすぎませんでした。しかし、その後その尼子氏や守護大名の大内義隆を破った陶晴賢らを次々と破り、ほぼ中国地方全土を支配する大名となりました。

毛利元就
(1497～1571)

元就の孫、輝元の時代には豊臣秀吉政権の重臣となり、関ケ原の戦いでは西軍の大将格として徳川家康に敗北しました。しかし多くの戦国大名が滅んでいった中で、周防、長門両国（山口県）を治める大名として、江戸時代の幕末まで300年以上命脈を保ち、薩摩の島津氏とともに、明治維新の原動力の役割をはたしました。

戦国大名の出現

応仁の乱のころから守護大名の力がおとろえました。守護大名の家臣や地侍の中には、みずからの力で守護大名を倒し、一国を支配する者がいました（下剋上）。彼らを戦国大名といいます。戦国大名には今までの統治者にない特徴がありました。

すでに、南北朝動乱のころから、農村社会では、農民の自治組織（惣）によって運営される自立的な村（惣村）が形成されていました。いくつかの惣村が共通の利益のために一揆を結んだり、地元の有力な武士（国人）を中心に結束して、自分たちの主張を通すこともしばしばありました。

惣村は、境界争いなどを調停し、外敵から守ってくれる、より強い実力者を求めました。戦国大名は、このような要求にこたえる形で登場しました。

戦国大名は、領国内の武士を家来に組み入れて強

［指摘事項］教科書 P108-111

戦国の動乱も取り扱うようにすること」という規定があり、戦国を「応仁の乱後の社会的な変動」と合わせて書くこと、つまりは中世で扱うことを求めている。

では、自由社の教科書はどうか？　執筆者は当然改訂された学習指導要領を理解した上で、応仁の乱後に、「室町幕府の将軍の権威がおとろえたこと」、「下剋上（げこくじょう）の風潮が広がったこと」、「戦国大名が登場したこと」等を記述している。

つまり、戦国時代の導入を中世に書くことで学習指導要領の規定を満たしつつ、その上で近世においてさらなる戦国時代の展開を書くという構成になっており、文科省の指摘こそが不適切である。

なお、平成20年改訂の旧指導要領では「戦国の動乱、ヨーロッパ人来航の背景とその影響、織田・豊臣による統一事業とその当時の対外関係、武将や豪商などの生活文化の展開などを通して、近世社会の基礎がつくられていったことを理解させる」とあり、戦国時代は近世で扱うことを求めていたが、この規定通りの単元構成の中学校歴史教科書は8社中3社。残り5社は中世で扱っている。これまで他社には単元構成の自由度を一定程度与えていながら、今回の自由社には何が何でも認めないとは、あきれたダブルスタンダードである。

事例 26

太政官の2つの読み方 生徒の知識整理に役立つ教育的配慮

256

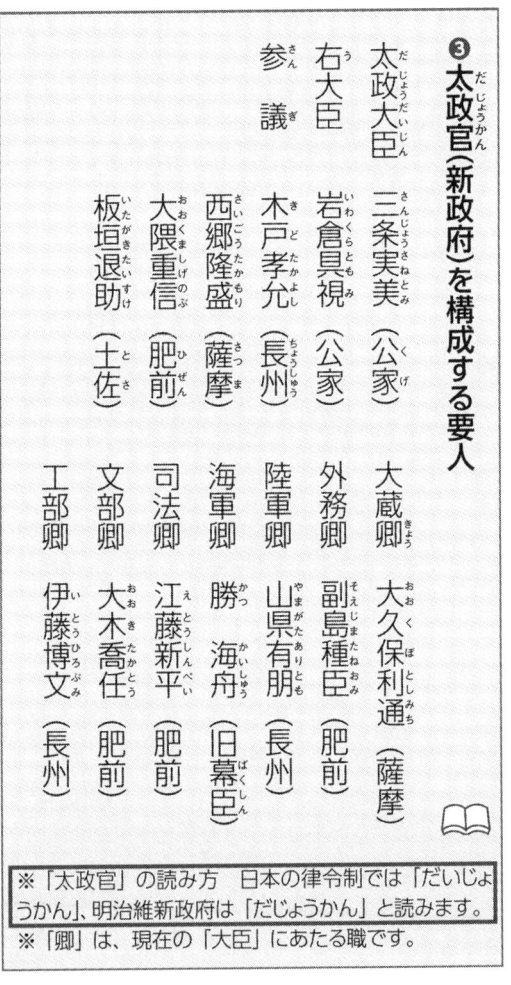

❸太政官（新政府）を構成する要人

太政大臣	三条実美	（公家）
右大臣	岩倉具視	（公家）
参議	木戸孝允	（長州）
	西郷隆盛	（薩摩）
	大隈重信	（肥前）
	板垣退助	（土佐）
大蔵卿	大久保利通	（薩摩）
外務卿	副島種臣	（肥前）
陸軍卿	山県有朋	（長州）
海軍卿	勝海舟	（旧幕臣）
司法卿	江藤新平	（肥前）
文部卿	大木喬任	（肥前）
工部卿	伊藤博文	（長州）

※「太政官」の読み方　日本の律令制では「だいじょうかん」、明治維新政府は「だじょうかん」と読みます。

※「卿」は、現在の「大臣」にあたる職です。

［指摘事項］P166

［指摘事由］

生徒が誤解するおそれのある表現である。（断定的すぎる）

律令官（りつりょうかん）制における太政官は、神祇官（じんぎかん）と並ぶ二官の１つで、「だいじょうかん」と読まれた。

明治期の太政官は、古代律令制のものと区別して、慣習的に「だじょうかん」と読まれている。

明治初期の太政官制度は、慶応４年（１８６８年）３月14日の「五箇条の御誓文」に示された政治方針を実現するための制度である。その官職名は古代律令制にならって設置された。ただ実態は欧米の〈三権分立〉制度にならって運用された。

１８７１年に三院八省制に改革され、85年には、新たな内閣制度が創設された。この時の太政官達第69号では、次のように定められた。

（１）太政大臣（だじょうだいじん）、左右大臣、参議及び各省卿の職制を廃し、新たに内閣総理大臣並び

に宮内、外務、内務、大蔵、陸軍、海軍、司法、文部、農商務及び逓信（ていしん）の各大臣を置くこと

（2）内閣総理大臣及び各大臣（宮内大臣を除く。）をもって内閣を組織すること

教える側の教師としては、正確に伝えなくてはならない。すると、熱心な生徒は、どうして読み方が違うのか必ず不審に思う。教科書の図のキャプション等に読み方の違いの説明があれば、現場の教師としては、授業を進める際の大きな助けになる。

さらに、古代律令制の太政官と明治期の太政官との読み方の違いから、発展的な学習も期待できる。つまり、学習指導要領で強調されている主体的対話的な学びへと発展し、思考力判断力表現力の育成へと繋がっていく可能性もある。

明治初期の太政官制度について、「どうして、明治の指導者層たちは、従来の読み方と違った読み方にしたのでしょうか？」との発問から、さらなる「知の扉」が開かれていくことであろう。

「生徒が誤解するおそれのある表現」との調査官の指摘だが、むしろ、「生徒の無用な誤解を少なくする」ために、あえて分かり易く表記している。また、このように概括することは生徒の知識整理に有用であり、教育的な配慮である。

事例27

「大宰府」と「太宰府」の違い
「教育とはステップのある文化」の無理解

105

❶東アジアの戦乱を逃れて、多くの難民が一族や集団で日本に移りすみました。これらの帰化人は、土器（須恵器）や金属器の加工、土木・建築などの技術や儒教を伝え、漢字による朝廷の文書（ぶんしょ）の作成にも力を発揮しました。

❷**防人**（さきもり）　諸国から集められ、九州北部の沿岸と壱岐（いき）、対馬（つしま）に配置された兵士で、3年交代で防衛の任につきました。東国（とうごく）の兵士が多く集められました。➡P.55

❸**大宰府・太宰府**　大宰府は地方官庁、太宰府は地名。

［指摘事項］教科書 P50

［指摘事由］

生徒が誤解するおそれのある表現である。

（混用の例）

やり玉にあげられたのは、【大宰府（だざいふ）は地方官庁、太宰府（だざいふ）は地名。】という側注の記述である。

子供は２つの漢字を混同しやすい。漢字の使い分けがわからない。この注記は漢字の使い分けについてワンポイントで注意を与えておこうとした教育的配慮である。

ところが、教科書調査官はこれを欠陥箇所に仕立て上げる。「生徒が誤解するおそれのある表現である」というのである。何を何と「誤解」するというのかよくわからない。ただ、今の記述のあとに、「（混用の例）」と書かれていて、教科書調査官が何を言わんとしているのかは推測できる。大宰府と太宰府は過去に「混用」した例があるから、注記の一般法則は成り立たないと言いたいのである。

しかし、過去に混用の例があるとしても、現在、慣行として成立しているルールを教えておくことは、知的にも実用的にも十分に意味のあることなのだ。

当の福岡県太宰府市は、この問題をどう見ているのだろうか。インターネットで、「大宰府　太宰府」と入力すると、たちどころに「太宰府市　文化財情報」というサイトが現れた。このホームページには「Q＆A」のコーナーがあり、「『大宰府』と『太宰府』の違いについて教えてください」という質問に次のように答えている（更新日　2016年9月1日）。

「古代におけるダザイフの正式な表記は、現存する古代の印影（押印された印の文字）が『大宰之印』であることから、『大宰府』であったと考えられています。

しかし、奈良時代の文書にも、すでに『太宰府』と表記されているものがあります。

その後、中世からは『太宰府』と表記する文書が多くなり、近世以降はほとんど『太宰府』と表記するようになっているようです。これらの表記の使い分けについては、断定するまでは至っておらず、現在でも研究されているところです。

ただ昭和30年代末頃、九州大学の鏡山猛(かがみやまたけし)教授が地名や天満宮など以外は『大宰府』と表記するようにされたことをきっかけとして、一般には古代律令(りつりょう)時代の役所、およびその遺跡に関するダザイフは『大宰府』、中世以降の地名や天満宮については『太宰府』と表記されるようになりました。現状では、行政的な表記もこれにならい、『大宰府政庁跡』『太宰府市』というように明確に使い分けています」

要約すると、古代の正式表記は「大宰府」だったが、奈良時代から「太宰府」という表記も現れ、中世・近世には「太宰府」の表記が多く使われてきたが、昭和30年代以降は、古代律令時代の役所とその遺跡は「大宰府」、中世以降の地名と天満宮は「太宰府」と表記する慣行が一般化した、ということである。自由社教科書の注記には何の問題もない。

教科書調査官は自分の仕事をまちがえているのではないか。社会科教科書を検定する教科書調査官は、「歴史」「地理」「公民」の３つのグループに分かれている。この３

つのグループが小学校も中学校も高校も縦割りで検定を担当する。「歴史」を専門とする教科書調査官は、小学校も中学校も高校も、教科書の歴史に関する記述をすべて担当するという体制になっている。教科書調査官の任用規定には、教育についての見識を有すること、という意味のことが書かれている。しかし、実際に任用された教科書調査官は専門分野の業績はあるかも知れないが、教育ということの感覚はない場合が多い。今回の検定例はその典型で、彼らには、教育がまず、おおまかな区別を教え、次に次第に細分化・高度化しているステップのある文化だということが分かっていない。学問研究と教育との混同であり、どう見ても適任とはいえない。

事例 28

古墳の大小と農地の広がりとの関係 歴史教育をつまらなくしている元兇

75

⑧前方後円墳

古墳には下の4つの形式があります。前方後円墳は、方墳と円墳を組み合わせたもので、大和朝廷独自の形式です。

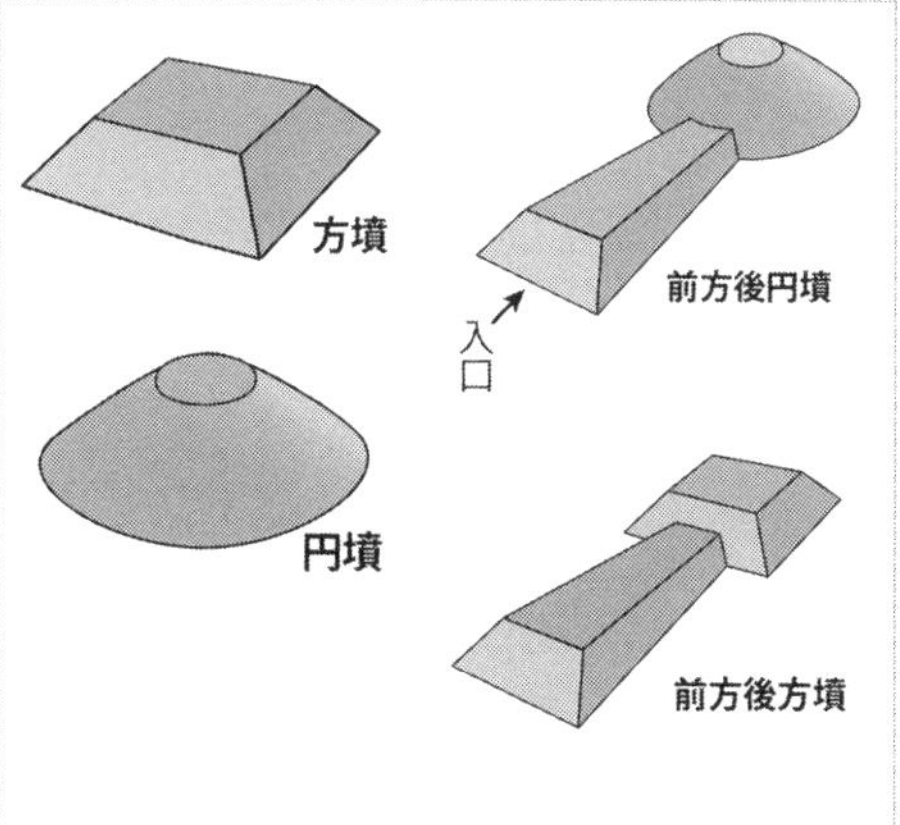

古墳の土はどこから持って来たかと疑問を持つことがあります。溜池（ためいけ）を掘り灌漑（かんがい）施設を作る時に掘り返された土を盛り上げたのです。古墳の大小は農地の広がりと関係しています。

大和朝廷は農耕に不可欠な鉄資源を地方の首長に分配し、前方後円墳という同一形式の墳墓（ふんぼ）を造ることを認めました。前方後円墳は目に見える形で大和朝廷の勢力の広がりを誇示する効果がありました。

［指摘事項］教科書 P37

［指摘事項］

生徒が誤解するおそれのある表現である。

（「古墳の大小」と「農地の広がり」との関係）

初期の尾根切り古墳は別として、一般的に前方後円墳は土盛りによってつくられており、その土はどこから持って来たかといえば、溜池などを掘った土を利用したと考えることは合理的である。

そうすると、前方後円墳の大きさは開墾された農地の広さと大雑把（おおざっぱ）には比例する関係にあり、古墳の大きさは首長の強大さの示標となる。結局、強大な首長はより広い地域を影響下に置いたと考えることが出来る。こうした大まかな見通しを与えることの教育的意義を「誤解を与える」として否定し去るべきではない。

認否書は、「全ての古墳が農地開発と結びついているかのように誤解するおそれがある」という。そんなことはわかりきっている。教育はステップのある文化だということがわからない教科書調査官が歴史教育をつまらなくしている元兇（げんきょう）の一つである。

事例 29

「欧米諸国の日本接近」は近世か近代か 生徒の思考の流れを大切にすべし

240

第2節 明治維新と近代国家の成立

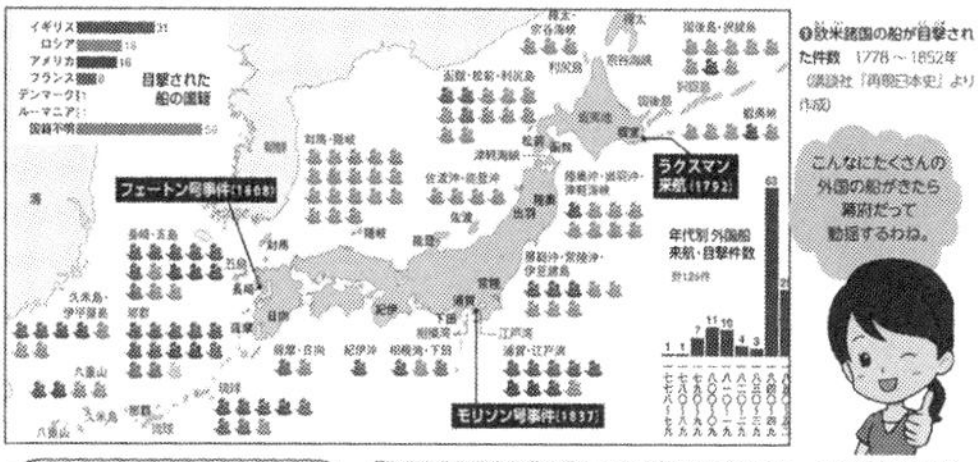

❶欧米諸国の船が目撃された件数　1778～1852年（講談社『再現日本史』より作成）

49 欧米諸国の日本接近

外国船の接近によって、幕府政治はどのように動揺し、対策をとったのだろうか。

❷主な外国船の接近

年	人名・船名	国	来航地	目的等
1792	ラクスマン	露	根室	通商要求
1804	レザノフ	露	長崎	通商要求
1808	フェートン号	英	長崎	薪水強奪
1818	ゴルドン	英	浦賀	通商要求
1837	モリソン号	米	浦賀	通商要求
1853	ペリー	米	浦賀	開国要求

■大黒屋光太夫　船頭として1782(天明2)年12月、伊勢の白子から江戸へ米を積んで航行中に遭難し7ヵ月あまり漂流したあげく、帰国を願いつつシベリアを横断する数奇の体験をしました。ロシアのエカテリーナ女帝に面会しました。

■小林一茶は次の俳句をよみました。「春風の国にあやかれおろしあ（ロシア）舟」。これはレザノフの来航を背景にしています。乱暴を働くロシアの船について、一茶は、春風の国（日本）のようにおとなしくしてほしいとねがったのです。

ロシアの接近　18世紀の末ごろから、日本列島の海域に欧米諸国の船が出没するようになりました。最初にやって来たのは、ロシアでした。ロシアは16世紀後半からシベリアの征服を開始し、その勢力は17世紀末にはカムチャツカ半島にまで達しました。

ロシアは酷寒の地シベリアを経営するための食料など生活必需品の供給先を日本に求めようと考えました。そこで、1792（寛政4）年に最初の使節ラクスマンを派遣し、日本人漂流民（大黒屋光太夫ら）を送り届け、日本に通商を求めました。

1804（文化元）年にはレザノフが派遣されて幕府に通商を求めました。幕府が鎖国を理由に拒否すると、彼らは樺太や択捉島にある日本人の居留地を襲撃し日本人を殺傷しました。この報告が届くと、国内ではロシアに対する危機感が高まりました。

幕府は松前藩の領地である蝦夷地（北海道）を幕府の直轄地にしてロシアに備え、近藤重蔵や**間宮林蔵**に、樺太を含む蝦夷地の大がかりな調査を命じました。間宮林蔵は蝦夷地から樺太にかけて踏査し、従来大陸の陸続きであると思われていた樺太が島であることを世界で初めて発見しました（間宮海峡）。

イギリスとアメリカの接近　19世紀に入ると、イギリスとアメリカの船も、日本近海にやって来ました。

［指摘事項］教科書 P156-157

【指摘事由】

学習指導要領の示す内容に照らして、扱いが不適切である。（内容B(3)のアの(エ)の「社会の変動や欧米諸国の接近、幕府の政治改革、新しい学問・思想の動きなどをもとに、幕府の政治が次第に行き詰まりを見せたことを理解すること」）

問題だとされているのは文章ではない。右図の内容は「近世（安土桃山時代・江戸時代）で教えることになっているが、つくる会の教科書では第4章「近代日本の建設」に入っているからダメだというのだ。

この記述内容は指導要領通りで合格なのだが、書いてある場所が近代の章だからダメだというのである。

問題は三つある。

第一は、同じ扱いなのに前回（平成20年）は合格だったことである。ではこの部分の指導要領が変わったのか？　なんと指導要領も同じなのだ。検定官も同じ人物らしい。変わったところは何もない。それなのに前回は合格で今回は不合格。

第二は、学習の順序はとても大切だという話である。

望ましい学習には望ましい順序がある。足し算・引き算を教えてからかけ算・割り算を教える。その逆はない。新しい課題というのは常に既習事項の上に探究され解決するものなのだ。

市民革命と産業革命が起きて欧米のアジアへの進出が始まり、だから「欧米の日本接近」が起きたのだ。その逆ではない。

江戸時代の途中で外国船とのトラブルを扱えば、生徒の脳ミソには「どうして西洋の船がそんなにたくさん来るんじゃ？」という問題が生まれる。それを放置したまま「幕政改革」や「新しい学問」の学習に行ってしまうのは不健康である。

自由社教科書の学習順序ならば、欧米諸国の近代化とアジアの植民地化を学んでいるから、生徒は日本近海に外国船がいっぱいやって来る意味がわかる。その脅威をより深く理解できるのである。こうした欧米の脅威がわかったところでアヘン戦争が起こる、ペリーがやって来る、となれば学習課題は日本の運命に関わる深いものになり、生徒にとってより切実になる。課題が切実なものになってこそ生徒の学習はアクティブなものになるのである。学習指導要領の「内容の取り扱い」⑴の㈹にある「我が国と諸外国の歴史が相互に深く関わっていることを考察させる」ためにも、生徒の思考の流れを遮らない学習内容の配列が必要なのだ。

第三に、「欧米諸国の接近」をここで教えることにこだわる理由である。つくる会の教科書運動が始まった頃、教科書が明治維新をこんなふうに誤ったイメージで教えていたことを思い出してほしい。

・百姓一揆↓外国船の接近と幕府政治への批判の高まり↓幕政改革の失敗↓百姓一揆↓開国による物価の高騰・社会不安↓封建制度が行き詰まり世直しの要求が高まる↓より良い国をめざす革命（明治維新）

つまり西洋列強の脅威が迫る中で起きた「日本の独立を守る国づくり」ではなく、フランス革命がモデルの「市民革命」のイメージで教えられていたのだ。しかし革命は理想を忘れて失敗に終わり、ついには最悪の侵略国になってしまった……と自虐的な記述が続いていたのである。ここであくまでも「欧米諸国の日本接近」を「近世」で教えることにこだわり、「幕府政治の行き詰まり」を明治維新の主たる原因として強調し始めたのは、再び明治維新の真実を否定したい動きではないだろうか。

事例 30

「満洲（州にさんずい）」のどこが悪い？「洲」と「州」の違いは歴史を知るカギだ

320

② 満州はなぜ建国されたのか

溥儀（1906～67）

「満州国」の建国式典
（1932年3月9日）

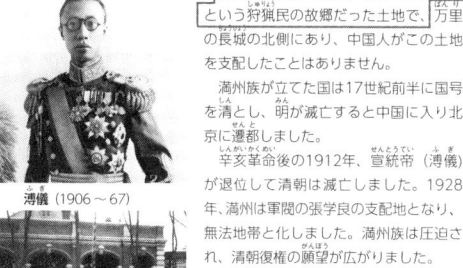

満州はもとは「満洲」（州にさんずい）という狩猟民の故郷だった土地で、万里の長城の北側にあり、中国人がこの土地を支配したことはありません。

満州族が立てた国は17世紀前半に国号を清とし、明が滅亡すると中国に入り北京に遷都しました。

辛亥革命後の1912年、宣統帝（溥儀）が退位して清朝は滅亡しました。1928年、満州は軍閥の張学良の支配地となり、無法地帯と化しました。満州族は圧迫され、清朝復権の願望が広がりました。

満州事変後、満州国が建国されたのは、日本が満州の土地を守り、治安を安定させ、ソ連に対処するためでした。同時に、満州族の復権の願望に応えるものでした。

［指摘事項］教科書 P230

［指摘事由］

生徒にとって理解し難い表現である。

（「満洲」（州にさんずい））

今の教科書を見ると「満州」と書かれている。ところが、一般の歴史書を見ると、「満州」としているものと「満洲」としているものの両方が目に付く。これで歴史書の最初の評価が決まる。

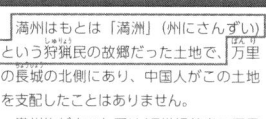

「満洲」が歴史的に由緒のある正しい表記である。戦前の書物には「満洲」と書かれていた。戦後、国字改革があって「洲」の文字が常用漢字から除外された。それで、教科書では「洲」を「州」で代用するようになった。

しかし、「洲」と「州」では、意味が違う。「州」は行政区画を示す語で、古代より中国や朝鮮で用法が確立した。今も日本の長州、大陸の豪州、アメリカのテキサス州などと使われている。

これに対し漢字の「洲」は河にはさまれた中洲を意味する。種族名のマンジュを漢字で「満洲」と表記したことが始まりで、地名ではなかった。それが地名になったのは、19世紀の初めに江戸時代の天文学者高橋景保が作成した「日本辺界略図」に始まる。満洲族は自分たちは水に縁がある王朝だと考えて、国号にも清という「さんずい」のつく文字を選んだ（宮脇淳子『どの教科書にも書かれていない日本人のための世界史』）。

こうした歴史の背景を知ると、「満州」と「満洲」の違いを無視することはできない。しかし、中学生はもともと「洲」の字を知らない、「大西洋」と「太平洋」の点一つの違いに気付かない子供も多い。そこで、「洲」には「さんずい」がついていることに注意を喚起するために注記した教育的配慮である。これのどこが悪いのか。

事例 31

日中戦争の地図に満州事変を描くなだが、生徒の思考はつながっている

327

［指摘事由］

生徒にとって理解し難い表現である。（日中戦争の展開と満州事変との関係）

２５８ページの地図「日中戦争の展開」にある「満州事変（31・9）」という文字が欠陥箇所とされた。わけがわからない。仕方がないので自由社はこう反論した。「わかりやすくするために地図には満州事変なども年月をつけて表記した」。

文科省は反論認否書にこう書いてきた。「日中戦争の地図に6年前に起こった満州事変が書いてあり、両者の関連が理解しがたい。反論は認められない」。

日中戦争と満州事変の関連が理解し難いのは、生徒なのか、教科書調査官なのか。

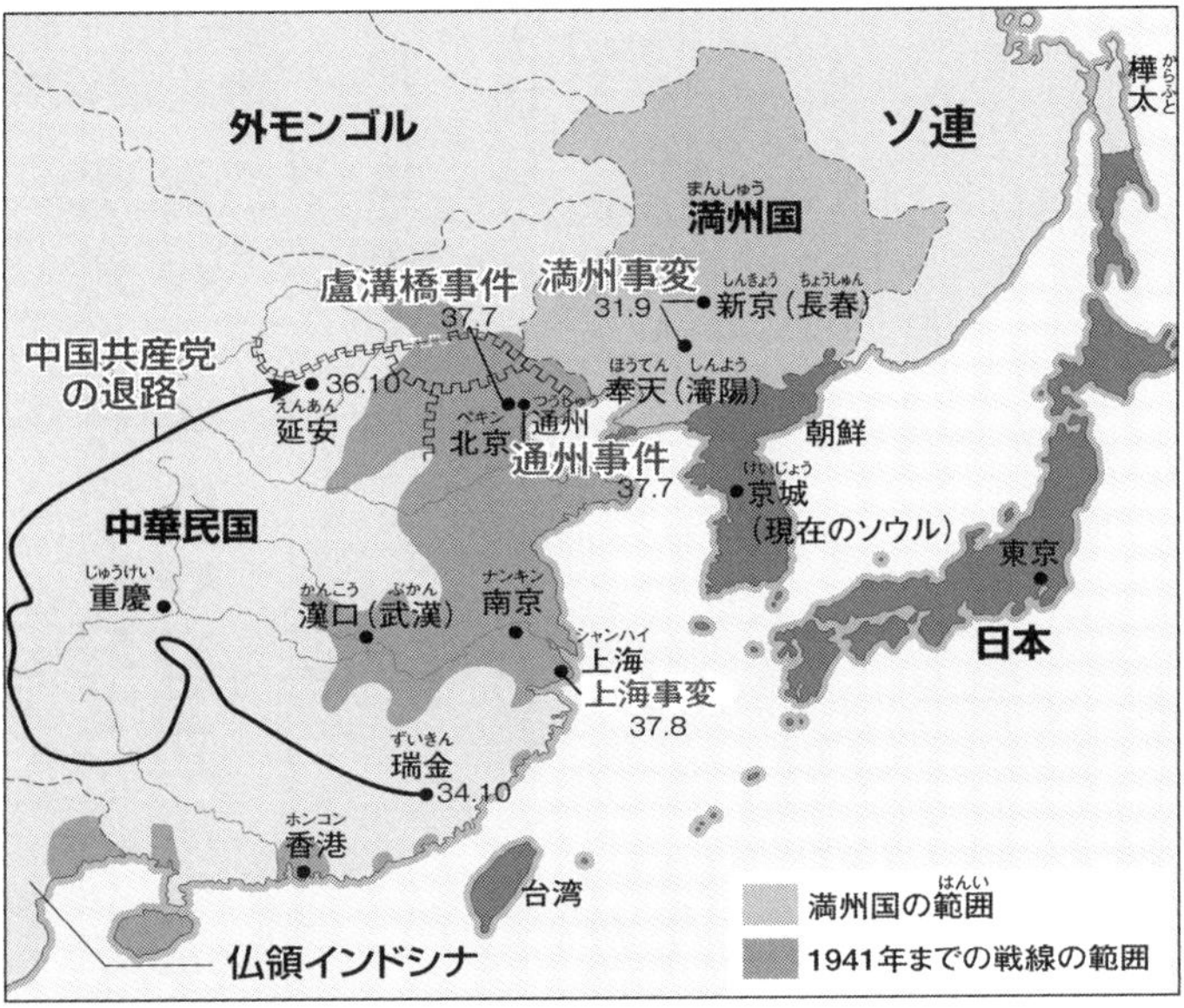

❺日中戦争の展開

［指摘事項］教科書 P258

確かに2つは別のことだが、両者の関連がまったくないという のは行き過ぎだ。そう考える生徒はいない。満州事変であらわになった中国政府の問題が日中戦争にもつながっており、その文脈抜きに日中戦争の学習は成立しないのである。

この調査官の理屈で行くと、地図に満州国を描くことすら問題になりそうだ。満州国は満州事変の結果だからである。

事例 32

広島・長崎あわせての原爆による死者数資料の矛盾や対立が思考を活性化する

358

【指摘事由】

生徒にとって理解しがたい表現である。
（２５１ページの囲み「戦後アメリカの原爆論の展開」の「フーバー大統領回顧録」中の「両市あわせて30万人以上の市民」との関係）

第5章の章末「調べ学習のページ」への指摘である。この「調べ学習」では生徒にぜひ読ませたい資料があり、それがフーバー大統領回顧録だった。そこに「両市あわせて30万人以上の市民」とあった。これは現在のデータに基づいた数字とは違う。そこで執筆者は本文に「21万人以上」と書いておいた。これが問題にされた。

ここで検定に通るにはどうすべきか？

原爆の破壊力は
どのようなものか

1945（昭和20）年8月6日広島に、人類史上初めて原子爆弾（原爆）が投下され、壊滅的な被害をもたらしました。9日には、長崎にも投下され、両市の死者は21万人以上となりました。

［指摘事項］教科書 P250

◆フーバー大統領回顧録

広島も長崎も軍事基地ではなく、主に一般の市民が生活している都市である。両市あわせて30万人以上の市民を殺した行為は非人道的で、戦時国際法違反である。アメリカの政治の大道からの逸脱は、トルーマンが日本人に原子力爆弾を落とすという非道徳的な命令を下したことだ。これはアメリカの全ての歴史のなかで、他に比較するもののない残忍な行為であった。

［指摘事項］教科書 P250

①どちらかの数字を書き換える
②フーバー大統領回顧録を削除する

①はデータの捏造でありえない。教科書調査官の意図は②だと考えるほかない。生徒にこの資料を読ませたくなかったのだ。この「検閲」は自由な国の教育の死である。資料どうしに矛盾や対立があることが生徒の思考を活性化する。それを「理解し難い」としていては文科省の推進するアクティブラーニングなど夢の彼方になるだろう。

○義務教育諸学校教科用図書検定基準　＜2＞

＊86ページより続く。

第2章　教科共通の条件

1　基本的条件

（教育基本法及び学校教育法との関係）

（1）　教育基本法第 1 条の教育の目的及び同法第 2 条に掲げる教育の目標に一致していること。また、同法第 5 条第 2 項の義務教育の目的及び学校教育法第 21 条に掲げる義務教育の目標並びに同法に定める各学校の目的及び教育の目標に一致していること。

（学習指導要領との関係）

（2）　学習指導要領の総則や教科の目標に一致していること。

（3）　小学校学習指導要領（平成 29 年文部科学省告示第 63 号）又は中学校学習指導要領（平成 29 年文部科学省告示第 64 号）（以下「学習指導要領」という。）に示す教科及び学年、分野又は言語の「目標」（以下「学習指導要領に示す目標」という。）に従い、学習指導要領に示す学年、分野又は言語の「内容」（以下「学習指導要領に示す内容」という。）及び「内容の取扱い」（「指導計画の作成と内容の取扱い」を含む。以下「学習指導要領に示す内容の取扱い」という。）に示す事項を不足なく取り上げていること。

（4）　本文、問題、説明文、注、資料、作品、挿絵、写真、図など教科用図書の内容（以下「図書の内容」という。）には、学習指導要領に示す目標、学習指導要領に示す内容及び学習指導要領に示す内容の取扱いに照らして不必要なものは取り上げていないこと。

（心身の発達段階への適応）

（5）　図書の内容は、その使用される学年の児童又は生徒の心身の発達段階に適応しており、また、心身の健康や安全及び健全な情操の育成について必要な配慮を欠いているところはないこと。

2　選択・扱い及び構成・排列

（学習指導要領との関係）

<u>（1）　図書の内容の選択及び扱いには、学習指導要領の総則、学習指導要領に示す目標、学習指導要領に示す内容及び学習指導要領に示す内容の取扱いに照らして不適切なところその他児童又は生徒が学習する上に支障を生ずるおそれのあるところはないこと。その際、知識及び技能の活用、思考力、判断力、表現力等及び学びに向かう力、人間性等の発揮により、資質・能力の育成に向けた児童又は生徒の主体的・対話的で深い学びの実現に資する学習及び指導ができるよう適切な配慮がなされていること。</u>

（2）　図書の内容に、学習指導要領に示す他の教科などの内容と矛盾するところはなく、話題や題材が他の教科などにわたる場合には、十分な配慮なく専門的な知識を扱っていないこと。

（3）　学習指導要領の内容及び学習指導要領の内容の取扱いに示す事項が、学校教育法施行規則別表第 1 又は別表第 2 に定める授業時数に照らして図書の内容に適切に配分されていること。

＊40ページの【図表6】では、2-(1)のように表記。下線を附したのは自由社に適用された事項。

続きは232ページへ。

■4

教科書調査官の自説のオシツケと異論の排除
断定的すぎるという断定

事例 33

年代記と歴史 万人のものとしての歴史哲学

13

ある王国について「○○年１月、王が死んだ。２月王妃が死んだ」と書いた記録があるとしましょう。これはまだ歴史ではありません。王が死んだことと王妃が死んだことが、ばらばらの出来事として時間順に記されているだけだからです。こういう記録を年代記といいます。

「○○年１月、王が死んだ。翌月、悲しみのあまり王妃が死んだ」という記述があるとすれば、ここで初めて二つの出来事の関係が原因（王の死）と結果（王妃の死）、つまり因果関係として述べられています。これは一つの物語になっているともいえます。

［指摘事項］教科書 P8

［指摘事項］

生徒が誤解するおそれのある表現である。（年代記と歴史の関係）

歴史とはつまるところ、人間の行為の軌跡である。厳密に言えば、人間の行為の軌跡の統合的解釈である。人間の行為を成り立たせているものは、人間のもつ思考、感情、動機である。人間の行為の理解のためには、こうした領域に踏み込むことが欠かせない。歴史の理解や解釈は人間理解のあり方と深く関わっている。
「歴史とは何か」という問いは、「歴史でないもの」、あるいは「まだ十全には歴史になり切っていないもの」との対比で考察してみると新たな視界が開ける。

そこで、「年代記」を取り上げ、それが「歴史」と何が異なるかを明らかにしようとしたのが教科書の記述である。類似したものどうしを比較してその差異を析出し、それによって概念を明確化し、研ぎ澄ましていくという手続きである。「王の死と王妃の死」の話は、歴史とは何かという議論のための例としてポピュラーなものだ。歴史についてのこうした思惟は、普通は歴史哲学と呼ばれる分野の学問に入る。

教科書調査官の認否書での反論は、「一般的に年代記的なものも歴史として認知されている」というもの。これにはいたく失望した。そんなことを言えば、「地球の歴史」だって歴史として認知されているだろう。しかし、ここでの議論からは、「地球の歴史」は歴史ではないのだ。
「歴史とは何か」という問題は誰もが、さまざまな角度から考えてみる価値のあるテーマである。もちろん、中学生も。これに対し一般に歴史とよばれているものを持ち出して否定するのでは話が台無しである。

事例34

古代ローマ人の祖国意識の記述「断定的に過ぎる」を振り回す検定意見の愚

49

ローマの共和政とローマ帝国

イタリア半島には、紀元前７世紀ごろから、ローマ人が都市国家をつくりました。ローマ人は武勇と政治力に突出した力を発揮し、周辺の国々を次々と併合して、大西洋から黒海沿岸にいたる大帝国をつくりあげました。これが**ローマ帝国**です。ローマは政治制度の上で、次の３つのものを後世に残しました。

第１は、共和政による統治の技術です。共和政とは少数の限られた人々の話し合いで行われる政治のことです。しかし、その運営の実態は、執政官、元老院、民会の３つの機関のバランスの上に行われ、この統治の技術の巧みさが500年にわたる共和政の成功を支えました。

第２は、ローマ法です。もともとローマ人は法を守る精神をもっていました。現実の力の支配を法の支配に置き換えて、安定的な統治を行いました。

第３は、「祖国」という意識です。ローマの軍隊は指揮官だけでなく末端の兵士に至るまで「祖国のために」という意識をもって戦いました。これがローマの軍隊の強さの秘密でした。

［指摘事項］教科書 P27

［指摘事由］

生徒が誤解する可能性のある表現である。

（ローマの「祖国」意識について断定的に過ぎる）

平成29年に改訂された学習指導要領に基づき、「ギリシャ・ローマの文明」という独立の単元を設け、ギリシャについては民主政の完成においてサラミスの海戦で、無産市民が大きな役割を果たしたことが契機となったことを述べた。現代日本の中学生にとって、民主主義の発展が祖国の防衛に参加する義務と権利の行使の問題と深く結びついていたことを学ぶのが最も教育的であると考えたからである。

同様にローマについても、巨大な帝国を築いたローマ人の事績として、物質文明がすぐに意識されるところだが、そして勿論それも大きな特徴ではあるが、同時に彼らの意識のあり方、とりわけ祖国意識のあり方に着目すべきと考えた。

とは言え、ローマ史を通史として展開するスペースなどあるはずがない。そこで、ローマが政治制度の上で後世にもたらした3つのもの、即ち、共和政による統治の技術、ローマ法、そして、「祖国」という意識を取り上げた。実際、木村凌二氏のように、「祖国」を発見したのはローマ人ではなかったかという説も出ているほどである。

こうした知見をもとに書いたことについて、「断定的に過ぎる」として切り捨てていくなら、歴史を興味深く学ぶ機会は失われて、通り一遍の間違いのない知識だけを学ぶ場に歴史の授業は成り下がってしまうだろう。歴史教育を無味乾燥なものにしているのはまさに教科書検定の現状であるという見本のようなケースである。

事例35

古代ローマと中世ヨーロッパの生活水準 悪しきヨーロッパ中心史観の教科書調査官

50

［指摘事由］

生徒が誤解するおそれのある表現である
（産業革命以前の「生活水準」について、断定的に過ぎる）

自由社教科書では、【ローマ人の生活水準は高く、人類がそれを追い越すには18世紀の産業革命を待たねばなりませんでした】と表現したわけであるが、教科書調査官から指摘事由のようなコメントが付いた。

教科書調査官の頭の中は、どうやら悪しき（あ）ヨーロッパ中心史観に支配されているようである。古代ギリシャ・ローマから現代まで、ヨーロッパ文明が連綿（れんめん）と受け継がれてきたかのように理解しているようであるが、それは全くの誤りである。古代ギリシ

> 道路の発達、水道の完備、コロッセオや公衆浴場(こうしゅうよくじょう)にみられるように、ローマ人の生活水準は高く、人類がそれを追い越すには18世紀の産業革命を待たねばなりませんでした。

［指摘事項］教科書 P27

ヤ・ローマと現代のヨーロッパとでは人も全く異なる。

例えば、古代ローマは、コンクリートの技術（ローマン・コンクリート）を持っていたが、中世以降のヨーロッパでは、セメントを作る技術が途絶えたために、石やレンガを積み上げるしかなかった。現代のようなコンクリートが利用されるようになったのは、ようやく産業革命後である。しかも、ローマン・コンクリートは、2000年近く経過した今日でもそのまま使われている。有名な歴史的モニュメントとしては、ローマのパンテオン、コロッセオ（円形競技場）、カラカラ浴場などが挙げられる。そうした有名なモニュメントでなくとも、イタリアの幹線道路の山間部をドライブしていると、古代ローマ時代に作られたトンネルとか半トンネルを通過することがある。すなわち、今でもそのままインフラとして使われているわけである。

ローマン・コンクリートは、セメントにナポリの北でとれるポッツォーリと言われる火山灰を混ぜたことで密度が高くなり、強度が非常に高かった。現代のコンクリートは、それより遥かに強度が低く、寿命はローマン・コンクリートのそれより比べものにならないほど短いと言われる。

ヨーロッパ人が、古代ギリシャ・ローマの文明を本格的に学んだのは、15世紀のイタリア・ルネッサンス以来である。古代ギリシャ・ローマの主要な文献は、イスラーム帝国アッバース朝の全盛期である9世紀に、首都バグダッドに集められ、アラビア語に翻訳された。それから何百年も後のルネッサンス期になって、当時における世界の先進地域であったアラビアとの交易に従事していたためアラビア語に堪能な人が多かったフィレンツェやヴェネーツィアなどのイタリアの都市国家で、これらがラテン語やイタリア語に翻訳された。それが、イタリア・ルネッサンスの始まりである。その後、ルネッサンスが次第にヨーロッパの他の地域に広がっていき、ヨーロッパは、ようやく後進地域から脱することができた。すなわち、古代ギリシャ・ローマではなく、イタリア・ルネサンスが、現在につながるヨーロッパ文明の起源なのである。

事例 36

稲作の長江流域起源説　なぜ朝鮮半島渡来説にこだわるのか？

57

　縄文土器が用いられていた紀元前４世紀ごろまでの約１万数千年間を**縄文時代、**その文化を**縄文文化**とよびます。

従来、縄文時代は、狩猟・採集にたよる不安定な移動生活で、貧しく原始的な生活をしていたと考えられてきました。ところが、青森県の**三内丸山遺跡**（さんないまるやまいせき）から、約 5500 年前の大きな定住集落の跡（あと）が見つかり、縄文時代のイメージを大きく変えました。

　さらに、佐賀県の**菜畑遺跡**（なばたけいせき）からは、畦（あぜ）を伴（ともな）った水田の遺溝（いこう）が発見され、炭化した米が見つかりました。これによって、西日本では縄文時代の紀元前 500 年ころから、水田稲作（すいでんいなさく）が行われていたことがわかりました。稲作は、長江（ちょうこう）流域から伝わったものと考えられるようになりました。

［指摘事項］教科書 P31

［指摘事由］

生徒が誤解するおそれのある表現である。

（水田稲作の伝来ルートについての学説状況）

稲作の伝来ルートは、おもに次の３つである。
⑴北方説（朝鮮半島経由）
⑵南方説（南島経由、黒潮ルート）
⑶直接渡来説（中国・江南地方から直接）

沖縄など南西諸島での水田の出現は弥生時代よ

りはるか後であるため、南方経由説は否定されている。これまでは、朝鮮半島を経由して日本に伝播(でんぱ)されたと言われていたが、今では、長江流域の江南地方からの直接渡来説が強くなった。それは、次の理由による。

①日本の米の遺伝子が、朝鮮半島の米に存在していなかった。

②長江下流域で1万年前の稲作遺跡（河姆渡(かぼと)遺跡等）が発見され、その一方で雲南省や朝鮮半島からはそれほど古い遺跡がみつからないため、現在は稲作は長江下流域で始まったという説が有力である。

③朝鮮半島より古い時代の地層からイネ科のプラントオパールなど稲作跡と考えられる資料が見つかってきた（縄文前・中期）。

④朝鮮半島より古い時代の縄文中期（5000～4000年前）の縄文土器に稲モミの圧痕(あっこん)が発見されている（熊本県大矢(おおや)遺跡）。

⑤古い時代の炭化米が見つかってきた。青森県風張(かざはり)1遺跡から出土した縄文時代後期後半の住居跡から7粒の炭化米が発見された（この炭化米は、〝日本最古の米〟として国の重要文化財に指定されている）。

⑥朝鮮東南部の東三洞(とうさんどう)遺跡では、縄文時代各期の縄文土器や佐賀県腰岳(こしだけ)産の黒曜石(こくようせき)お

よび、その黒曜石製石鏃などが共伴、南海岸地域の欲知島では、縄文時代早期末の轟式土器の他、縄文文化では一般的だが半島では見られない石匙が出土している。朝鮮東南部へは、むしろ縄文文化の方が伝播している。

⑦水田稲作を示す縄文遺跡は、佐賀県菜畑遺跡、福岡県板付遺跡、大阪府牟礼遺跡、愛媛県大渕遺跡、香川県坊城遺跡、など突帯文土器を伴う縄文晩期の遺跡で、水田跡の他、石包丁・木製農具・矢板なども出土している。

⑧朝鮮半島は縄文土器とは違う土器を使用しており、半島からの渡来人の文化なら、生活用具も半島由来の物が多くなるはずだが、それほど見当たらない。

以上の理由から朝鮮半島渡来説の根拠は弱い。

しかし、稲作起源が長江流域としても、稲作の日本伝来を長江流域からと断定しているわけでない。あくまで慎重に「伝わったものと考えられるようになりました」という婉曲な表現としてある。

事例 37

表意文字としての漢字の役割「一般的な説と誤解する」として欠陥視

44

漢字の役割

中国文明の３大要素は、皇帝と、都市と、**漢字**だといわれます。殷の時代の甲骨文字から発達した漢字は、その後の王朝を経るにつれ、次第に標準化され、漢の時代に今の普通の字体に近いものになりました。

文字には発音を示す表音（ひょうおん）文字と、意味をあらわす表意（ひょうい）文字とがあります。アルファベットは代表的な表音文字です。それに対して漢字は、ひとつひとつの文字に意味があり、文字を見るだけで、おおよそわかります。しかし、その文字をどう発音するかはわからず、人によってさまざまです。それでも、表意文字の漢字は、市場で売り買いするときには一通りの意味を伝えることができます。言葉の通じない民族同士でも、漢字を使って売り買いが成り立ちます。こうして中国の都市は漢字によって流通の中心地として発展していきました。

［指摘事項］教科書 P25

［指摘事由］

生徒が誤解するおそれのある表現である。

（一般的な説であるかのように誤解する）

問題となる表記は、教科書調査官より「生徒が誤解するおそれのある表現である。（一般的な説であるかのように誤解する）」として欠陥個所に指定された。

これに対して、執筆者側は中国研究の権威である岡田英弘説に基づいて「岡田英弘説に依拠(いきょ)した記述である」とし、「この説明によって表意文字である漢字が果たす役割をイメージ豊かに理解することが可能になる」と反論した。そして「事実の誤りがあるなら別だが、『一般的な説』ではないと断定してこうした工夫を排除することは、個性のある教科書を抹殺することにつながるものである」と反論した。

すると、教科書調査官から「一般的な説であるかのように誤解する、という指摘であり、指摘事項にみられる見解を排除しているわけではない」と返ってきた。

ここは日本も含めた中国文化圏で、漢字という表意文字がどのような役割をしたかを説明するところで、日本の歴史を理解する上でも非常に大切なところである。中国の漢字の特色と、その果たした役割を述べることは重要であり、固定した見解がないところで、岡田英弘氏の説によって記述することは許されるべきことである。

しかも執筆者はこれが確定した一般的な説であるというようには表記していない。これは、調査官が強制力のない参考意見として提示すべき段階のものであり、その程度のことは現在でも検定意見開示のときにいくらでも指摘できることである。にもかかわらず、これを欠陥箇所として指摘することに限りない悪意がある。

事例 38

中国文明の三大要素（皇帝・都市・漢字）「一般的でない」として欠陥扱いは不当

43

［指摘事由］

生徒が誤解するおそれのある表現である。（一般的表現であるかのように誤解する）

日本の歴史理解にとって中国の歴史や文明の特色を押さえることは極めて重要なことである。よってその押さえ方の一つとして、皇帝・都市・漢字をその文明の特色として説明することは一つの捉（とら）え方として極めて適切である。しかも、執筆者は独断に走らないように「といわれます」と付した。

すると調査官からの認否書では、「一般的な説であるかのように誤解する、という指摘であり、指摘事項にみられる見解を排除しているわけではない。反論は認められ

漢字の役割

中国文明の３大要素は、皇帝と、都市と、**漢字**だといわれます。殷の時代の甲骨文字から発達した漢字は、その後の王朝を経るにつれ、次第に標準化され、漢の時代に今の普通の字体に近いものになりました。

［指摘事項］教科書 P25

ない。反論は認められない。」と返ってきた。

事例39「表意文字としての漢字の役割」（154ページ）のところでも述べたが、記述した内容に対しては問題ないとしながら、「生徒が一般的な説であるかのように誤解するおそれがある」という程度の表記上の問題であるならば、これまで行われていた例のように、検定意見開示のときにいくらでも口頭で伝えることができるはずである。にもかかわらず、「一発不合格」に直結する欠陥箇所として指摘するのは不当であり、限りない悪意があると言わなければならない。

不合格にするため、欠陥箇所を増やすという意図がなければありえない欠陥の指摘の仕方であり、あってはならない権力の乱用である。

事例 39

日本人の人名の由来　断定的に過ぎる？調べ学習の解答例に「学説」が必要なのか

178

わかったこと①佐藤さんのルーツ

■佐藤さん（たち）は藤原氏の末裔

平安時代中期の貴族で、武将でもあった藤原秀郷という人物がいます。百足退治の伝説や平将門の乱を平定したことで知られます。その５代末裔に藤原公清という人がいて、左衛門尉という官位についたとき、「左衛門の藤原」ということで「左藤」を名乗り、やがて「佐藤」になりました。この子孫が関東から東北に散らばり、土地の地名をもとに、伊藤、尾藤、後藤や、藤田、藤山などのたくさんの名字が誕生しました。

藤原秀郷（東京都・築土神社蔵）

古代日本で最も大きな勢力を誇った藤原氏は、現代でも多数の名字の人々のなかにちゃんと潜んでいたのです。

［指摘事項］教科書 P96-97

［指摘事由］

生徒が誤解するおそれのある表現である。（断定的に過ぎる）

第２章（中世）章末の調べ学習のページ「日本人の名字の由来を訪ねてみた」というコーナーである。生徒たちに、おなじみの名字の由来を調べ

わかったこと②鈴木さんのルーツ

■「すずき」は稲穂・熊野信仰を広めた鈴木一族

鈴木は、鈴に木を吊したのかな、などと漢字から考えるよりも、「すずき」とは日本語（大和言葉）でどういう意味か調べた方が近道でした。それは和歌山県南部の熊野地方の方言で、刈り取ったあとの積み上げた稲穂を指す言葉でした。鈴木さんは神社の神官の家で、海南市の藤白に移り熊野詣でを支えました。鈴木一族は各地に広がり熊野信仰を広めました。特に三河国（愛知県）の三河鈴木一族は、徳川家康に従い江戸に移り住みました。このため東京には鈴木さんが多いといわれています。

藤白神社

わかったこと③渡辺さんのルーツ

渡辺綱

■渡辺さんは豪傑・渡辺綱の子孫

平安時代の中期、渡辺綱という豪傑がいました。嵯峨源氏の一族で、源頼光に仕え、盗賊の酒呑童子を退治した伝説で知られています。その綱が摂津（大阪）の渡辺に住み、名字として名乗ったのが渡辺氏の始まりとされています。そのあとを継いだ渡辺党は、瀬戸内海などを通じ全国に広がりました。漢字は違いますが渡部氏も同じです。

わかったこと④武田さんのルーツ

■地名を名乗り名字の数を増やした武田一族

源氏の一族だった源義清は常陸国の武田（茨城県ひたちなか市武田）に住みつき、その地名をとって武田を名乗るようになりました。武田氏はその後甲斐国（山梨県）に移り住み、戦国武将の雄・武田信玄を生み出します。武田一族はさらに住みついた土地の名前をとって、青木、大井、下条、柳沢などの名字を名乗りました。

［指摘事項］教科書 P96-97

させるというページである。解答例として「佐藤」「鈴木」「渡辺」と、中世の武士に特徴的な「武田」の４つについてそのルーツを示したのだが、それが「断定的」だというのである。

だが解答例は、多くの人の研究に基づくオーソドックスな説を紹介したもので、妥当性が高い。また「武田」については平成28年版自由社教科書で検定をパスした見解である。

百歩譲って、他にも違った意見があるとしても、これは解答例であり研究論文ではない。そうした主旨を無視して「断定的に過ぎる」とするのは、「イチャモン」としか思えない。

事例 40

198 秀吉の朝鮮出兵の意図は何か 狭い視野から秀吉の意図は読み解けない

［指摘事由］

生徒が誤解するおそれのある表現である。
（秀吉の朝鮮出兵の意図についての学説状況）

「文禄・慶長の役」と呼ばれる豊臣秀吉の大陸出兵は、当時「唐入り」と名付けられ、基本的に明帝国の征服を目指していた。

当初秀吉は、朝鮮半島を戦場とする意思はなかった（戦争の日本史第16巻『文禄・慶長の役』中野等／吉川弘文館）。フロイスの『日本史』にも、豊臣秀吉の目的は「シナ征服」だと記されている（フロイス『日本史』第５巻　中公文庫）。現実には朝鮮半島全土が悲劇的な戦場となったが、当初の秀吉の発想まで否定しては歴史を捻じ曲げること秀吉が目指したのは、あくまで大陸の明でしたが、それは、スペインが明を征服する計画があることを耳にし、その機先を制する意図があったともいわれています。途中の経路にあたる朝鮮は戦場にされ、国土や人々の生活は荒廃（こうはい）しました。また、この出兵に莫大（ばくだい）な費用と兵力を費やしたため、豊臣家の支配はゆらぎました。このとき豊臣政権の重臣（じゅうしん）の徳川家康（とくがわいえやす）は朝鮮出兵に賛成し、九州まで出陣（しゅつじん）しましたが、渡海（とかい）することはありませんでした。

［指摘事項］教科書 P115

になる。

また、当時日本やアジアを訪れていたイエズス会士たちの中には、日本や明国への軍事的侵略をスペイン国王に公然と説くものもおり、中には日本征服後、明国を征服すべしという意見すらもあった。秀吉の大陸出兵は、日本の植民地化や、日本人（とくにキリシタン大名）との連合による中国征服をうかがうスペイン・イエズス会側の構想との対立を大きな要因の一つとしていたことは、中世史家、藤木久志氏らの研究が明らかにしている（『天下統一と朝鮮侵略』藤木久志著／講談社学術文庫）。

それだけに自由社教科書の表記が誤解を招くことはない。むしろ日本と西洋が遭遇した戦国時代の本質を知るためにも、このような事実は義務教育の場で教えられるべきものである。

事例41

家光時代の寺請制と政教分離の関係 政教分離を理解していない的外れの指摘

227

[指摘事由]

生徒が誤解するおそれのある表現である。
(「政教分離」と家光時代に寺請制が形成されていくこととの関係)

戦国時代にキリスト教に帰依（きえ）するキリシタン大名が現れると、彼らの治世下では寺社や仏像が破壊され、僧が迫害されるという事態も起こった。異教の弾圧が神への奉仕であり、領国を富ませることに繋がるという彼らの政治は、キリスト教への信仰と密接に繋がっていた。中世ヨーロッパで見られる「政教一致」の統治体制が日本にも部分的に出現したといえるかもしれない。

この大名統治とキリスト教を断ち切る取り組みが、豊臣政権と徳川幕府によるバテ

【翔太君のノート　①について】

信長はそれまでの政治勢力や、慣習を一新して国を統一しようとした。政治に口を出す一部の仏教勢力を抑えるいっぽう、西欧諸国と交易をするため、キリスト教の宣教師たちを優遇した。他方、家光の時代には、徳川家による統治がほぼ完了していたところへ島原の乱が起き、キリシタンの存在が脅威に感じられるようになった。家光は政教分離を徹底するため、キリスト教の禁止強化と鎖国に踏み切ったのだと思う。

［指摘事項］教科書 P145

レン追放令、禁教令であり、徳川家光（いえみつ）の治世に一応の完成を見る。鎖国政策まで含めて一連の政策はキリスト教の影響を国内政治から排除するための「政教分離政策」と十分に見なしうる。

文科省は、寺請制（てらうけせい）が家光時代に形成されていく過程を理由に「家光は政教分離を徹底するため、キリスト教の禁止強化と鎖国に踏み切った」という記述を「生徒が誤解する」と指摘する。

しかし、寺院が民衆に対し檀家（だんか）であることを証明する寺請制と仏教の関係は、キリシタン大名治世下のキリスト教のように特定宗教への信仰が政治に影響を与える性格のものではない。指摘は全く的外れであるといえよう。

事例 42

間宮海峡　初めて発見したのは誰か　ロシアの奸計に惑わされるな！

242

［指摘事由］

生徒が誤解するおそれのある表現である。
（世界で初めて発見）

サハリンと樺太（からふと）の違いは？　樺太は半島か島か？　これは世界地理上の謎であった。多くの地理学者・探検家は、謎の解明に挑戦し、サハリンと樺太は同一だが、樺太は半島であるとされた。１８０５年、クルウゼンシュテルンは、樺太の最北端に到達後、西海岸を南下したが浅瀬で断念、樺太はアムール川（黒竜江（こくりゅうこう））河口の南で大陸と接続する半島との最終結論が下された。

文化（ぶんか）５（１８０８）年、ロシアの南下に脅威を感じた幕府は、「樺太のすべての海岸幕府は松前藩の領地である蝦夷地（北海道）を幕府の直轄地にしてロシアに備え、近藤重蔵や**間宮林蔵**に、樺太を含む蝦夷地の大がかりな調査を命じました。間宮林蔵は蝦夷地から樺太にかけて踏査し、従来大陸の陸続きであると思われていた樺太が島であることを世界で初めて発見しました（間宮海峡）。
19世紀に入ると、イギリスとアメリカの船も、日本近海にやって来ました。

［指摘事項］教科書 P156

線、および異国との境について調査せよ」との調査命令を松田伝十郎と間宮林蔵に与えた。松田は、樺太北部が大陸に最接近する地（ラッカ）まで行き、現地の聞き取りや北行につれて海が狭く浅瀬になるが潮流も強くなることから、樺太が島であることを確信した。同年7月、間宮は樺太の東海岸をラッカよりさらに北上、黒竜江河口を確認したうえ、樺太最北部近くに到達、海が北方に大きく開け、間違いなく樺太が「島」であることを確認したのである。間宮は、大陸に渡って黒竜江下流も調査し、清国の出張役所があるデレンにまで到着、極東地域や樺太にロシア帝国の勢力がほとんど及んでいないことを確認した。

1832年に刊行されたシーボルトの大著『Nippon（日本）』の中で、間宮林蔵の間宮海峡

（MAMIYA NO SETO）発見が、学問上の大功績として賞賛されている。また、シーボルトが日本から持ち出した樺太地図をクルウゼンシュテルンに見せたとき、彼が「これは日本人の勝ち（我らの負け）だ！」と叫んだと記述している。ただし「間宮海峡発見」の記事はあまり流布されないまま、世界では樺太半島説が信じ続けられた。

１８４９年、東部シベリア総督ムラヴィヨフ配下の遠征隊は樺太北部からアムール河口に到達後に南下、樺太と大陸間に幅7キロメートルの海峡を発見した。ロシアは、遠征隊長ネヴェリスコイ大佐が世界で初めてこの海峡を発見したと勘違いして、海峡最狭部をネヴェリスコイ海峡と命名し、海峡発見を機密事項とした。

１８５５年、クリミア戦争で、イギリス艦隊は間宮海峡の南にロシア艦隊を発見、樺太半島説が世界地理の通説であったので、イギリス艦隊はロシア艦隊を追い込み、湾口を封鎖しロシア艦隊を探索したが捕捉できなかった。ここに樺太半島説は誤りということがイギリスをはじめ世界各国の知るところとなった。

明治14（１８８１）年にフランス地理学者ルクリュの『万国地誌』が刊行された。その第6巻「アジア・ロシア」においてシーボルトが記した「MAMIYA NO SETO」の名称が使われた。世界地図の地名に日本人として唯一、間宮の名が明記された。

世界的に著名な作家チェーホフは、その著『サハリン島』で、日本の測量師・間宮林蔵が、1808年、島の西海岸を小舟で航行し、韃靼（だったん）地方とアムール河口に滞在して、注目すべき地図を作製したと記している。そして、まぎれもなく「彼（間宮）が最初にサハリンが島であることを証明したのだ」と述べている。チェーホフは、日本人が最初にサハリンを調査したことを説明し、ヨーロッパでは、日本人の貢献が認識されていないとも指摘している。チェーホフは、シーボルトの文献や自らのサハリン島での3か月間にわたる調査結果から、確信したのである。

現在、世界各国の主要地図は、間宮海峡ではなくタタール海峡と表記されている。このままでは日本人の功績も忘れ去られるだろう。本来、樺太は、日本の先人たちが世界に先駆け、探検・開拓をした土地だ。それを当時の帝政ロシアも認識していたからこそ、国力では圧倒していても日露和親条約・日露修好通商条約で「樺太は日露両国の雑居地である」と取り決められたのである。

樺太は、世界史上、日本人が、現地人以外で初めて島であることを確認し踏査した地である。日本人自身、とりわけ政治家・歴史家・教育者は良く知る必要がある。

事例 43

252 坂本龍馬は大政奉還に関与せず？私見の強要か、研究動向への無知か

❺坂本龍馬(さかもとりょうま)
(1835～67)
土佐藩を脱藩した浪人(ろうにん)で、薩摩、長州両藩を説いて薩長同盟を実現させました。土佐藩を通じて徳川慶喜に大政奉還をはたらきかけたともいわれます。（高知県立歴史民俗資料館蔵）

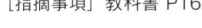

［指摘事項］教科書 P162

［指摘事由］

生徒が誤解するおそれのある表現である。
（龍馬の実際の行動）

今日、坂本龍馬(りょうま)については研究の進展著しく(いちじるしく)、司馬遼太郎の小説などで国民に定着した坂本龍馬像は転換期にある。

その最たるものが、龍馬の新国家のプランである「船中八策(せんちゅうはっさく)」は後世の創作で

あったという研究であり、歴史学界でも広く支持を集めている。「つくる会」はこの研究を否定しないが、一方で、龍馬が1867（慶応3）年に薩摩・土佐両藩の間で周旋を行い、両藩が大政奉還について合意した薩土盟約の議論にも参加していることは史料上、明白である。また、大政奉還前日にその採否を決める会議に出席する後藤象二郎に宛てた龍馬の書簡が確認されており、この事実を報じる新聞記事を文科省にも反論書とともに提出している。

現在の研究状況から判断するならば、「船中八策」の史実性が否定されたとはいえ、龍馬による大政奉還への働きかけがなかったとは断定できない。自由社教科書による「はたらきかけたともいわれます」と断定を意識的に避けた記述について「生徒が誤解するおそれがある」と排除することは教科書調査官の思い描く龍馬像と私見の押し付けと断ずる以外にない。

虚像としての龍馬を否定する思いが先走り、実像としての龍馬を矮小化しすぎる歴史観にこそ危うさを感じる。あるいは研究動向への無知があるのかも知れない。

事例 44

日英同盟の解消は米国の意向 巨視的な視点を欠く形式主義の検定意見

360

【指摘事由】

不正確である

（「破棄」）

自由社教科書の表現は、【中国市場に割り込もうとしていたアメリカは、日本とイギリスの分断をはかり、日英同盟の破棄を工作しました】である。これに対する教科書調査官の指摘事由は、「破棄」という表現は不正確だというものであった。

教科書の不合格を通告された２０１９年12月25日の教科書調査官との面会で、われわれは、形式的には、第三次日英同盟が更新されなかったので、１９２３年８月に無効になったのであるが、そうした表面上のことだけを書いたのでは、アメリカの圧力で解消に追い込まれたという歴史上重要な事実が伝わらないので、教科書のような表現にしたと説明した。しかし、教科書調査官は、あくまでも、無効になった事実を正確に描くべきだとして譲らなかった。

本件は、教科書調査官が、「木を見て森を見ない」という基本姿勢であることを、いみじくも暴露してしまった典型的な例である。教科書調査官は、些末な、もしくは表面的・形式的な事実に拘泥するあまり、大きなコンテクストで歴史を見る視点を欠いている。著者側はそうした姿勢では、歴史の本質に迫ることはできないと強調した。その結果、生徒にそれこそ誤った認識を与えてしまう危険性が大きいと主張し、それに対してどう思うか回答を求めたが、彼らは、最後までそれには答えられなかった。それでいて、指摘を取り下げることについては、彼らはあくまでも拒否した。論理性に著しく欠ける態度と言わねばならない。

ところで、日英同盟（the Anglo-Japanese Alliance）が、1902年1月30日に署名・発効した大きな背景は二つある。

一つは、1900年に発生した北清事変（「義和団の乱」）で、当時、北京に駐在していた日英両国を含む11か国の公使館は、暴徒と清国軍の混成部隊から攻撃を受け、60

日に及ぶ籠城(ろうじょう)戦(せん)を強(し)いられたが、その際、８か国から成る籠城部隊の実質的な司令官を務めた柴五郎(しばごろう)中佐（のちに陸軍大将）の大活躍があった。これにより、柴は、英国をはじめ各国から勲章を受けたが、とりわけイギリスは、日本を信頼に足る国と見るようになった。

いま一つは、当時のイギリスの軍事的な悩みは、ロシアが不凍港を求めて常に南下することであった。アジアでこれに対抗するには、味方が必要であるが、それは日本しかない。

他方、日本にとっても、ロシアの南下は、江戸時代以来、常に悩みの種だったので、英国が味方してくれることを望んだ。こうしたことを背景に、日英同盟が成立した。

第一次世界戦後になると、日英両国ともに、日英同盟を懐疑的にみる勢力も出てきたが、大方は支持していた。英国は、アジアに居続ける限り、ロシアの南下が厄介な問題となるので、本心では日英同盟の継続を望んだし、日本も同様であった。そうした状況下であったが、オーストラリアを中心とした英連邦諸国と米国が、日英同盟に大きな懸念を示し、米国のイニシアティヴで、日英同盟が解消されることになった。

そもそも、ワシントン会議（１９２１〜２２年）は、当時、力をつけてきた日本を牽(けん)

制する目的でアメリカが開催したもので、日英同盟の解消は、当初からの米国の大きな目的であった。このような状況下で、日英同盟の解消が決まったわけであり、米国のイニシアティヴで解消になったことについては、教科書でどうしても強調しておかなければならない。さもないと、生徒たちが、第二次世界大戦に至る背景を正しく捉えることは決してできない。

教科書調査官たちは、いわば戦後のＧＨＱによる洗脳の「優等生」なので、アメリカが悪いのではなく、日本が悪いのだという自虐史観から抜け切れないでいるようである。調査官は、製品の生産工程に例えれば、提出された教科書が「学習指導要領」に従っているかどうかをチェックするいわば「検品係」である。「検品係」が、75年前にアメリカが企て、徹底した洗脳を通じて日本に押し付けた偏狭な歴史観を、いまだに生徒たちに押し付けてどうするのか。

教育者やマスメディアによる洗脳の再生産が国内で続く限り、わが国は、いつまでたっても、歴とした独立国にはなれない。

事例 45

人種差別と日米戦争は無縁か？ 歴史の本質に迫ろうとしない形式主義

302

③日本の人種平等案はなぜ否決されたのか

日本の最初の提案は、連盟規約第21条(宗教の自由の保障)に、「人種あるいは国籍のいかんにより法律上あるいは事実上の差別を設けない」という規定を入れるものでした。これに反対する国々は、第21条そのものを規約から削除することで日本案をしりぞけました。

日本は方針を変え、規約前文に「各国民の平等および各人に対する公正な待遇」を盛り込むこととしました。これをウィルソンが否決したのは、人種平等が連盟規約に盛り込まれるとアメリカ国内の人種問題に火がつきかねないという事情がありました。この対立がのちの日米戦争の一因となったという見方もあります。

［指摘事項］教科書 P216

【指摘事由】

生徒が誤解するおそれのある表現である。（確立された学問的見解であるかのように誤解する）

「この対立がのちの日米戦争の一因になったという見方もあります」という自由社教科書の表現が拒否された。しかし教科書の表現は、「一因になったという見方もある」ということであり、確立された学問的見解であると主張しているわけではないことは自明である。

人種差別が日米戦争の直接的な原因とまでは言えないが、欧米諸国による日本に対する執拗かつ謂れなき差別が、遠因もしくは根因となったといっても差し支えない。非西洋諸国で、19世紀中に唯一、国家の近代化と産業の工業化に成功した日本に対する妬みと警戒感が、欧米諸国の度重なる人種差別的行為を招いた。

- 1895年4月、三国干渉：武力を背景とした露仏独の介入によって、下関講和条約という国際法に則って、正当に割譲された領土の返還を余儀なくされた。
- 1906年3月、米国カリフォルニア州で、日本からの移民を制限する法律が採択
- 1913年4月、米国カリフォルニア州で、ウェッブ＝ヘイニー法（日本人移民の土地所有の禁止）の成立
- 1919年4月11日、パリ講和会議の国際連盟規約起草委員会において、日本提案の人種平等案が過半数を大きく越える賛成を得たにもかかわらず、議長のウィルソン米国大統領が、こうした重要な案件に関しては、全会一致が必要だとする極めてアンフェアな裁定を行ったため、日本案は採用されなかった。

・１９２０年11月、米国カリフォルニア州で、インマン＝マクラッチー法（米国籍を持つ日本人移民の子供に対しても土地保有を禁止）の成立

・１９２１年12月13日、ワシントン条約（海軍軍備制限条約と太平洋に関する協約）：米英仏日による条約。これによって、米国の思惑通りに、日英同盟の解消につながる：会議の目的は、東アジアにおける各国の利害を調整し、安定した秩序を作り出すことであったが、国力をつけてきた日本を抑えるという米国の狙いもあった

・１９２２年２月４日、山東還付条約：ワシントン軍縮会議の一環として、日本と中華民国との間で結ばれた条約で、第一次世界大戦の折、日本がドイツから奪った青島（チンタオ）を含む山東省の権益を、中国に返還すべしとの内容（発効は１９２２年６月２日）

・１９２２年２月６日、ワシントン海軍軍縮条約の調印：日米英仏伊の５カ国（発効同年８月／失効１９３６年末）：海軍主力艦の保有比率を、「米：英：日＝５：５：３」とする：「中国に関する９カ国条約」「石井＝ランシング協定」を解消し、米英日蘭仏伊、ベルギー、ポルトガル、中華民国の間で締結されたもので、日本はこれにより山東省の権益の多くを返還した。また、この条約は、列強諸国が、これ以上、中国に関与しないことが目的とされたが、ソ連が参加していなかったため、ソ連の中国や満洲への

南下を許すこととなり、日本の安全保障上の脅威となった。

- 1924年7月、米国（全土）、絶対的排日移民法（ジョンソン＝リード法）の施行
- 1933年2月、国際連盟、満州国に関する「リットン報告書」の採択

特に、1924年の米国連邦議会による「絶対的排日移民法」（ジョンソン＝リード法）の施行は、カリフォルニア州における度重なる排日移民法の成立に続くものであり、その総仕上げという形になったことから、日本国民は、識者も一般国民も、多くは怒髪天をつくほどに憤った。ある若者は、東京のアメリカ大使館前で、抗議の割腹自殺を遂げたほどである。

ちなみに、昭和天皇は、終戦間もない1946年3月に、大東亜戦争の遠因について、以下のように、お言葉を述べられている。

「この原因を尋ねれば、遠く第一次世界大戦后平和条約の内容に伏在してゐる。日本の主張した人種平等案は列国の容認する処とならず、黄白の差別感は依然残存し加州移民拒否の如きは日本国民を憤慨させるに十分なものである。又青島還附を強いられたこと亦然りである。か丶る国民的憤慨を背景として一度、軍が立ち上がった時に、これを抑えることは容易な業ではない」（『昭和天皇独白録』）

事例 46

朝鮮出兵は16世紀最大規模の戦争　新機軸を排除し教科書をつまらなくする検定

202

朝鮮出兵って
16世紀では世界
最大規模の
戦争だったと
いわれてるわ。

［指摘事項］教科書 P115

［指摘事由］

生徒が誤解するおそれのある表現である。（確立した見解であるかのように誤解する）

朝鮮出兵の第一次に当たる「文禄の役」（１５９２年）における兵数は、日本は30万人前後を動員し15～20万人を派遣（「毛利家文書」によると15万８０００人、「松浦叢書」では20万５５７０人）、「慶長の役」では14万１５００人を派遣した。朝鮮は17万人前後の軍に義勇軍が２万人以上、明が４万

～10万人近い遠征軍を送っている（明軍については、「文禄の役」で6万3000人、フロイスの記述では20万人という数字も見られている。「慶長の役」では『宣祖実録』は水軍を合わせ9万2100人となっている。『燃藜室記述』では両役を通しての明の動員数は22万1500人と記されている）。

これらの合計はヨーロッパにおけるドイツ農民戦争（1524～25年）が最大に見積って30万人、また「万暦の三征」の「哱拝の乱」とは桁違いであり、やはり「万暦の三征」の「楊応龍の乱」で楊応龍の軍が14万～15万人、迎撃に向かった李化龍は八路より各3万人の合計20万～24万人に比べ、最小に見積もって匹敵、最大に見積れば凌駕しており、費用的にみても『明史』「王徳完伝」には「寧夏用兵、費八十余万、朝鮮之役七百八十余万、播州之役二百余万」、「陳増伝」には「寧夏用兵費帑金二百余萬。其冬。朝鮮用兵、首尾八年、費帑金七百余萬。二十七年、播州用兵、又費帑金二、三百萬」とあり、最大のものである。

20万人の遠征軍を派遣し得たチムール帝国がすでになく、かつて50万人をタタール征伐に振り向けた明は国力が著しく低下しており、金声翰はアジアにおいて「一時に30万人の戦闘兵力を動員し得る国はオスマン・トルコとアクバルのムガール帝国、それに秀吉の日本だけであった」「明国の動員能力は水陸併せて９万余を上限とし10万人をこえることはなかった」と記しているが、ジェフリー・パーカーによればヨーロッパの過半を領有していた１５５８年に死去したカール５世が率いていた大軍も、西ヨーロッパの過半を領有していたフィリッペ二世の軍隊も15万人程度であったとされる。

対して秀吉時代の日本は総兵力50万人程度とされているが（1万石につき２５０～３００人の動員で、当時の日本の石高（こくだか）は２０００万石程度）、同時代のスペイン無敵艦隊は3万人弱であった。ヨーロッパが朝鮮出兵を上回る兵力を動員したのは17世紀の30年戦争になってからであり、アジアでも17世紀の「サルフ合戦」までない。

日本国内においても、朝鮮出兵の動員規模は、「応仁（おうにん）の乱」の28万人、「天正（てんしょう）小田原の陣」の38万人弱（「大藤文書」に基づいた試算での最大数字。もっと少ない数字が一般には使われている）を上回る。「大坂冬の陣・夏の陣」でさえも両軍あわせて42万人とされている。

従って、少なくとも16世紀において朝鮮出兵が「世界最大規模」であることに間違いない。

■5

天皇・皇室をどうしても認めたくない願望
日本文化に一貫して冷淡で否定的な習性

事例 47

仁徳天皇は古墳に「祀られて」いないの？日本語がわからない教科書調査官

28

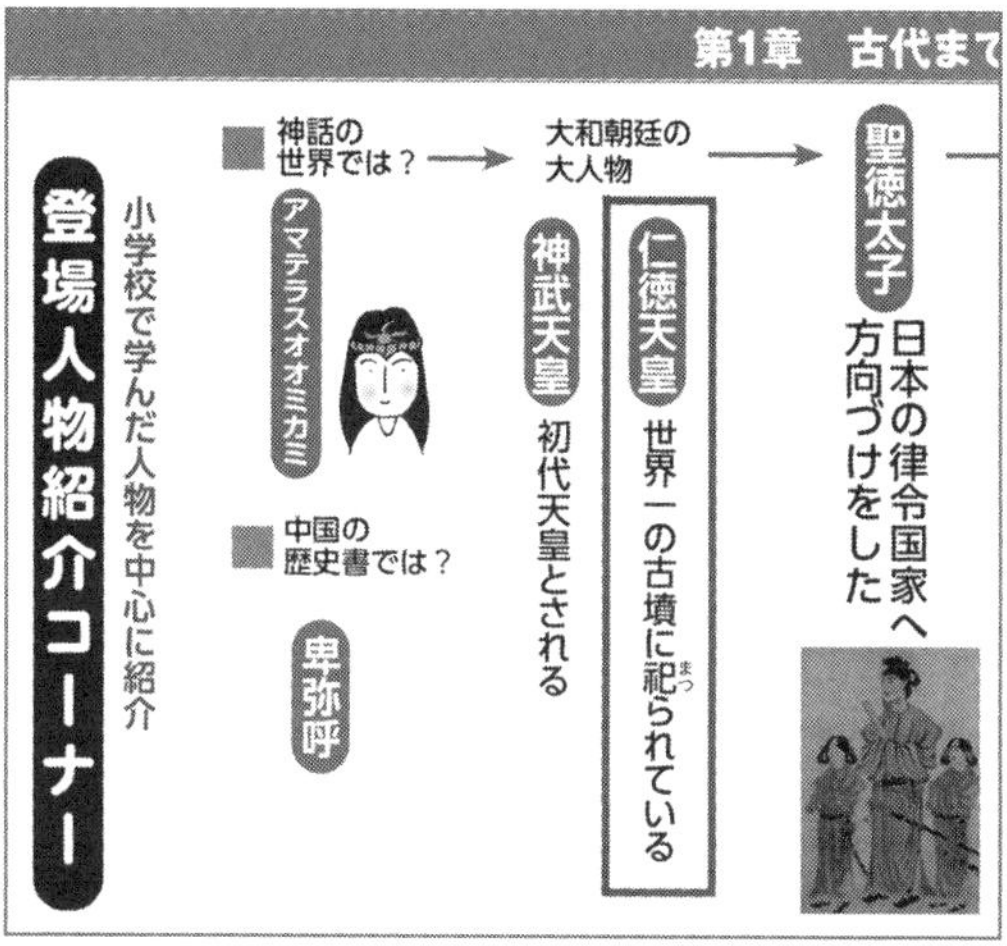
第1章　古代まで

登場人物紹介コーナー

小学校で学んだ人物を中心に紹介

■神話の世界では？

アマテラスオオミカミ

■中国の歴史書では？

卑弥呼

大和朝廷の大人物

神武天皇　初代天皇とされる

仁徳天皇　世界一の古墳に祀（まつ）られている

聖徳太子　日本の律令国家へ方向づけをした

［指摘事項］教科書 P19

［指摘事由］

生徒が誤解するおそれのある表現である。
（「祀られている」）

各章の初めに新設した、その章の主な登場人物を紹介するコーナーに付けられたクレームである。古代の天皇、仁徳（にんとく）天皇を【世界一の古墳に祀（まつ）られている】と書いたところ「生徒が誤解するおそれがある」と指摘された。教科書調査官との面接で、調査官からは「葬られている」が正しいとされた。

だがこれはおかしい。仁徳天皇陵とされている世界最大の古墳「大山古墳」の被葬者について、考古学的には議論の余地が残されている。だから「葬られている」とすれば、かえって「誤解するおそれ」があるのだ。

一方で宮内庁はこれまで124代の天皇についてそれぞれの天皇陵の場所を比定した。仁徳天皇陵には拝所や鳥居を設け、篤く祀ってきたことは間違いない。特に仁徳天皇は民家のかまどから煙が上がらないのを見て課税を止める仁政を敷いたと伝えられるなど、古くから民衆の敬愛を集めてきた。「祀られる」に最もふさわしい古代の天皇だった。

おそらく、調査官らが言いたいのは「天皇を敬う」ことを生徒たちに教えてはいけないということのようだ。だから「祀られている」はいけないのだと。しかし、天皇を神のように敬うというのは、古くから日本人の自然な感情であり、日本の歴史上不可欠な要素であり、それを否定して日本の歴史を学べるとは思えないのだが。

事例 48

「皇紀」は「干支」のスペースを使って書くなホンネは皇紀を書かせたくないための難クセ

18

卯年」が西暦の 391 年にあたるから、その時の年代が確定できたのです。

■干支を使った歴史用語

このほか、干支を使った歴史用語には次のようなものがあります。（ ）内は西暦。

壬申の乱（672）　乙巳の変（645）　辛亥革命（1911）

■皇紀

以上のほか、日本には皇紀があります。日本書紀に書かれた初代・神武天皇が即位したとされる伝説上の年を元年とする年の数え方で、皇紀元年は西暦紀元前 660 年にあたります。皇紀も歴史に名をとどめています。昭和 15 年は皇紀 2600 年にあたりました。それで、この年に完成した日本海軍の戦闘機は「ゼロ戦」とよばれました。この年に生まれた人には、「紀」の字を使った「紀夫」「紀子」などの名前の人がたくさんいました。

［指摘事項］

生徒にとって理解し難い表現である。

（同ページ左一行目見出し「◉干支について」との関係が理解し難い）

指摘は、「■皇紀」の記述が「◉干支について」という見出しのついたパートの一部として入ってい

◉干支について

大化以前の歴史について『日本書紀』には「干支」で年月を表した記述もあります。「干支」は古代から中国、日本、朝鮮の東アジアで共通して使われていた数の表し方です。〈甲・乙・丙・丁・戊・己・庚・辛・壬・癸〉の十干と、〈子・丑・寅・卯・辰・巳・午・未・申・酉・戌・亥〉の十二支を「甲と子」「乙と丑」といったように60通りの組み合わせをつくり、＜干支順位表＞のように順番をつけることで、年月日や時刻、方位を表す方法です。

「十干」は今日の私たちにはあまりなじみのないものですが、自然界を構成する、木・火・土・金・水の5つの元素に陽（兄）と陰（弟）をわりふったもので、甲は「きのえ（木の兄）」、乙は「きのと（木の弟）」、・・・とよむこともできます。干支の

［指摘事項］教科書 P10

るのは不整合である、という意味であると解される。皇紀は干支の一部を指すわけではないから、それはその通りである。

しかし、「■皇紀」の書き出しには、「以上のほか」と書いて、ここでの記述が他の記述と区別されるべきであると明示しており、補足的に情報を追加することは一般の書籍でも普通に見られることである。

教科書調査官は、実はそんなことは百も承知で、カマトトぶっているのであろう。そして、本音は、「皇紀」を書かせたくないということなのだろう。こうした難クセに付き合うのはゴメンだ。

事例 49

インドネシア独立宣言文と皇紀 インドネシアは日本に深く感謝している

356

インドネシアの首都ジャカルタの中心には「ムルデカ（独立）広場」があります。そこには初代大統領となった独立運動の指導者スカルノと、その盟友ハッタの銅像が立っていますが、2つの銅像の間にはさまれて大きな碑が立っており、そこには独立宣言文が刻まれています。そして、その日付けは「17−8−05」となっているのです。これはどういう意味でしょうか。

「17−8」は8月17日のことだとすぐにわかります。インドネシアはこの日に独立したからです。では、そのあとの「05」とはいかなる意味でしょうか。これは当然、独立の年をかいてあるはずなのですが、「05」は実は日本の皇紀2605年の下2ケタの数字をあらわしています。西暦の1945年を使わず、独立の機縁となった日本に敬意を表して、独立記念日を日本の皇紀で表現したのです。

［指摘事項］教科書 P249

［指摘事由］

生徒が誤解するおそれのある表現である。（インドネシア独立宣言文で皇紀を使った理由について、断定的に過ぎる）

日本が先の大戦でインドネシアをオランダの支配から解放すると、独立後の国軍となる郷土防衛隊（ペタ）を結成して訓練したが、日本が敗れると、ペタが戻ってきたオランダ軍を迎え撃ち、４年におよぶ独立戦争に勝って独立が認められた。

当時の日本軍政部、独立軍の多くの幹部にインタビューして著された書籍を原作として製作された映画によると、日本は１９４５年９月にインドネシアを独立させることを決定していた。８月15日に日本が敗れると、独立運動の指導者だったハッタ、スカルノが直ちに独立を宣言したいと希望したが、日本側は連合国の報復を恐れて強く反対した。しかし、２人は８月17日に独立を宣言した。

インドネシア国防省は、民主党政権時代に、防衛省にペタ総隊長で独立軍司令官となったインドネシアの国民的英雄スディルマン将軍の銅像を贈った。２０１６年に、防衛省構内にたつ将軍の銅像に対して有志を募って８月17日の独立記念日に献花式を始め、毎年の恒例となった。初回からインドネシア駐日大使が武官、館員を連れて参加している。そのつど、大使が挨拶のなかで、日本に感謝して将軍像が贈られたことに触れている。スディルマン像は世界のなかで、日本だけに贈られている。独立宣言文の日付は日本への感謝を表して皇紀で「05年」と記している。05年がキリスト暦１９４５年にあてはまる紀年法は世界の中で日本の皇紀しかない。

事例 50

「神話が史実であると誤解する」か神話と歴史には連続性がある

109

歴史年表で「元(げん)・明(みん)・清(しん)」などとあるのは、日本の「平安・鎌倉(かまくら)・室町(むろまち)」などの時代区分と似ていますが、本当の意味はまったく違います。日本では、政権の所在地が変わっただけですが、中国では、革命によって王朝が倒され、別の氏族や民族が支配者となり、まったく別の国がおこったことを意味するのです。

これに対し、日本の皇室は、神話の時代から現代まで続く世界で最も古い王朝です。

［指摘事項］教科書 P53

［指摘事由］

生徒が誤解するおそれのある表現である。（神話が史実であるかのように誤解する）

天皇家が世界最古の王朝であることは否定できない事実である。教科書調査官は、「神話が史実であるかのように」生徒が誤解すると検定意見を付けた。

神話が歴史とイコールではないことは、前の本文中ではっきりと説明済みである。本文中に記していることをあえて章末のコラムでも繰り返す必要はない。

神話とは、神々と人との物語であるが、過去にあった何らかの史実を古代人が超自然的なイマジネーションで記録したものでもある。神話の史料的価値は多くの研究者に認められている。

学習指導要領も「神話」の教育価値を認めている。また「歴史に関する学習との関連を図りながら、天皇についての理解と敬愛の念を深めるようにすること」とある。皇室の権威の由来が、「記紀」の記述（日本神話）にあることは自明の理である。

教科書調査官の指摘は、かえって生徒たちに皇室の権威そのものに疑念や不信を惹起せしめるものと懸念する。

文化人類学者レヴィストロースは、日本の神話と歴史には連続性があり、これは他の文化には見られない特徴であると指摘している。「記紀」の神話が歴史と繋がることは、日本国民の大方に共通理解があり、すべてが歴史的事実ではないにしても、生徒に皇室の権威の由来を実感させる分かり易い表現である。すべてが歴史的事実ではないというならば、中国の資料についても同様であり、ここであえて「記紀」の記述のみ指摘し問題視することは、はなはだ疑問である。

事例51

アマテラスオオミカミと神武天皇そんなに「神話」を排除したいのか

29

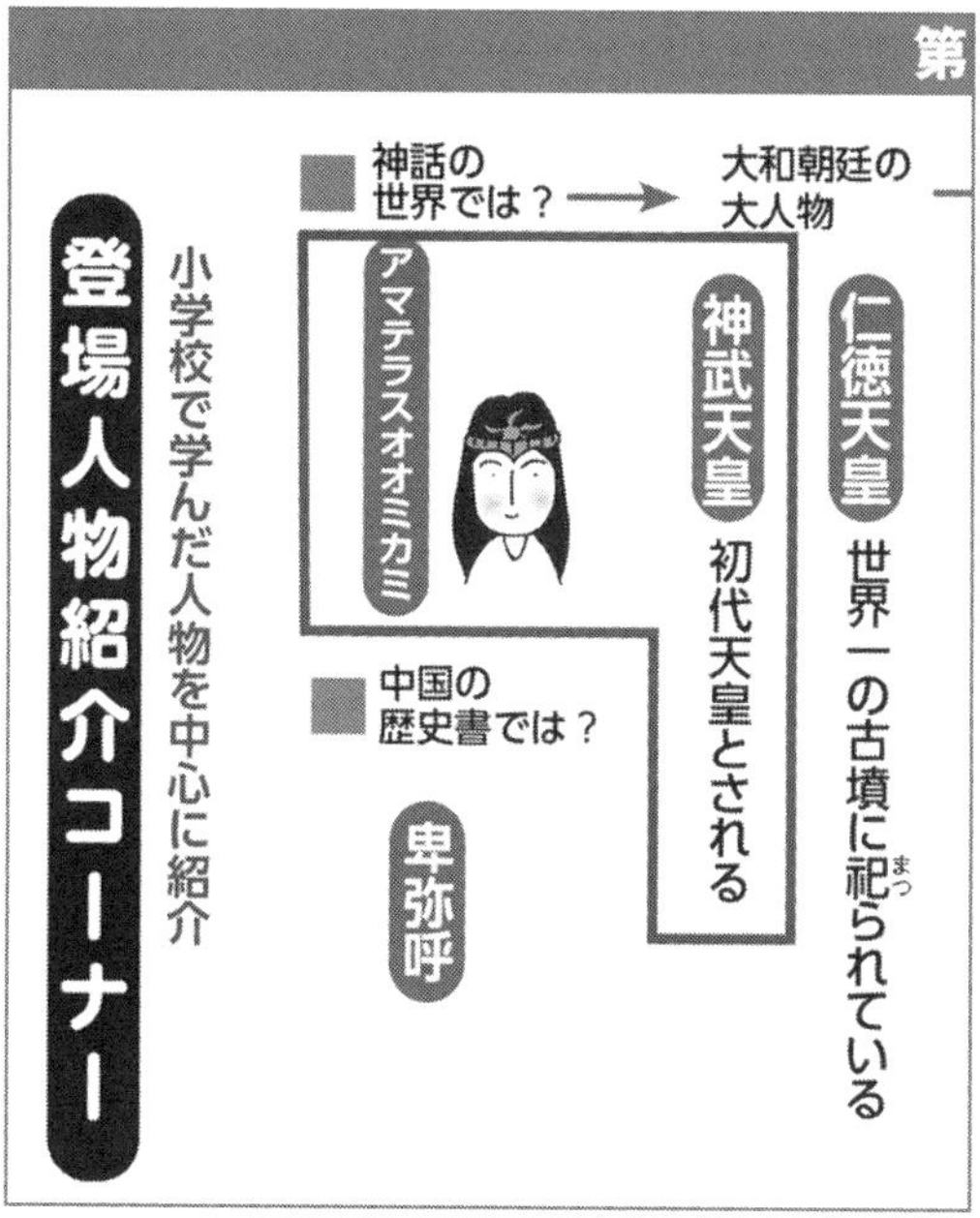

［指摘事項］教科書 P19

［指摘事由］

生徒にとって理解し難い表現である。（タイトル「登場人物紹介コーナー」との関係）

クレームは仁徳天皇と同じ、第1章「古代までの日本」のトビラ下〈予告編〉に対してである。

アマテラスオオミカミは古事記など神話に登場する神であり、神武天皇もほとんど神に近い。それを「人物」の紹介コーナーに載せるのは不適切だということのようだ。だが、アマテラスオオミカミは弟のスサノオノ命の暴力行為に怒り、天岩戸にこもってしまうなど、極めて人間的な神として描かれている。

皇室の祖先神で、太陽信仰の象徴的神であり、地上の葦原の中国を平定するよう命じ、平和裏の統治権移譲である「国譲り」を実現させた。神話とはいえ、現実の歴史と極めて密接に関係のある神だった。それゆえ、人物紹介コーナーで取り上げても少しもおかしくない。

さらに神武天皇は、皇統譜などでもきちんと初代天皇として位置づけられており、「古代までの日本」の予告編にもっともふさわしい、といえる。

このように日本の神話は、現実の歴史そのものではないにしても、それを色濃く映し出していることは多くの史家の述べるところである。それでも調査官たちがあくまで「神話」を教科書から排除すれば、生徒たちの古代史への関心を薄めるばかりだ。その責任を負えるのだろうか。

事例 52

94 後に「聖徳太子」と称される、と書け 聖徳太子不在論の悪影響はここにも

【指摘事由】

学習指導要領に示す内容の取扱いに照らして、扱いが不適切である。
（内容の取扱い⑶のアの「後に『聖徳太子』と称されるようになったことに触れること」）

第1章の第11単元「聖徳太子の政治」の本文につけられたクレームである。【聖徳太子は皇族の一人として生まれ、古事記や日本書紀では厩戸皇子（うまやどのみこ）などとも表記されています】と記したが、これではダメだという。「後に『聖徳太子』と称されるようになった厩戸皇子は……」と書けということのようだ。

確かに「聖徳太子」とは、太子が亡くなった後につけられた称号である。だがその

> **聖徳太子の登場**
>
> 6世紀の末、大陸では重大な変化が起こりました。589年、**隋**が中国全土を約300年ぶりに統一したのです。強大な軍事力を持つ隋の出現は、東アジアの国々にとって、大きな脅威でした。
>
> このような時期に、日本に現れたのが、**聖徳太子**という若い指導者でした。聖徳太子は皇族の一人として生まれ、古事記や日本書記では厩戸皇子などとも表記されています。一度に10人の訴

［指摘事項］教科書 P44

ことは、「古事記や日本書紀では厩戸皇子などとも表記されています」との表現で十分、理解できる。

むろん天皇や皇族の諡号、称号は、亡くなった後に贈られる。しかし現実には生前の業績を書くときにも、諡号で表すのが普通である。例えば「桓武天皇は平安京をつくった」を「後に桓武天皇と称されるようになった山部皇子は……」とは書かない。事実上天皇の役割を担った聖徳太子だけ「後に」をつけろというのは、著しくバランスを欠いている。

文科省は「聖徳太子」の業績を高く評価しすぎだと思っているようだ。「聖徳太子」のような人物が日本の古代、それも皇族の中にいたことを認めたくないのだろう。歴史学界の一部にある聖徳太子不在論の影響を明らかに受けている。聖徳太子を抹殺したいとの歴史観が、こんな検定を生んでいるのである。

事例 53

国号「日本」の成立はいつか
日本国家確立期を遅らせたい願望か？

107

［指摘事由］

生徒が誤解するおそれのある表現である。（断定的に過ぎる）

日本の国号と天皇の称号は飛鳥(あすか)時代から始まっていると考えられる。ただし、『古事記』では、国号に「日本」を使用せず、『日本書紀』は使用している。よって書紀の記載と中国の史書が主な研究対象となる。

日本という国号の成立期は、学説的に議論がしぼられており、主に次の３つであろう。

① 大化(たいか)改新以降

天武天皇の没後、皇后が即位して持統天皇となり、改革を受けつぎました。持統天皇は、奈良盆地南部の大和三山に囲まれた地に**藤原京**を建設しました。藤原京は、初めて本格的につくられた大規模な都でした。ここに、聖徳太子の新政以来の律令国家をめざす国づくりが完成に近づきました。689年には、日本という国号が用いられるようになりました。

その後、大化の改新を経て、日本の政治のしくみはめざましく改善されました。そうして7世紀末、それまでの政治改革の成果をまとめた飛鳥浄御原令という法律（689年）で、「日本」という国名が公式に定められたと考えられます。中国・唐代の歴史書『旧唐書』にも、国号が「日本」と改まったことが記されています。

大和朝廷				
日本				
馬韓 弁韓 辰韓	高句麗 百済 新羅	新羅	高麗	李氏朝鮮

［指摘事項］教科書 P51

②　６７０（天智９）年～６９８（文武11）年の間（飛鳥浄御原令成立期）

③　大宝令

まず①説の根拠は、外国使臣に対する詔文中にみる天皇の称号からである。孝徳紀大化元年の高句麗使への詔文、及び百済使への詔文ともに「明神御宇日本天皇詔旨」と記される。公式令には「現神（明神）御　宇　天　皇」（詔書式条）を用いることになっており、大化元年紀の記載は公式令の規定と一致している。百済使への詔文は、内容的に大化当時のものとされている（末松保和氏『任那興亡史』１０１ページ）。

いっぽう、「日本」の国号の成立時期は、自称や他称ではなく、主体的意志にもとづき国号として採用された時期であるとして、確実なところでは大宝令によるとされる。教科書調査官の指摘は、このことであると思われる。確かに７０１年に制定された大宝律令で、天皇が出す詔書に「日本」の国号を入れることが規定された。しかし、大宝令は、最終的な規定である。

「日本」の国号の初出は『旧唐書』で、「日本国は倭国の別種なり」「日本は旧小国、倭国の地を併す」と、「日本は倭の中の小国」であったかのように記される。また、「其の国、日の辺に在るを以ての故に、日本を以て名と為す」「倭国自ら其の名の雅ならざるを悪み、改めて日本と為す」と、日本という名称にした理由も説明している。『新唐書』では「国日出ずる所に近し、以に名をなす」とあり、隋書と類似の表現もみられる。

いずれにせよ、唐代に「倭」が「日本」へと変わったことは明らかであり、そうであれば、「日本」の「国号」を使い始めた時期は、天武10（681）年に編纂が開始され、持統3（689）年に施行されたとされる浄御原令におくのが妥当と考えられる。

天武天皇の遺志を継いだ持統天皇が689年に飛鳥浄御原令を施行した。ここで「日本」の国号、「天皇」の尊称が規定されたと考えられ、日本の国号の始まりとすることができる。年号は大化の改新により始まった。

「日本」の国号が始まる日本史上の重要な年を教えることに何のためらいがあるのだろう。それとも調査官は、学説状況をたてに日本の国号の始まりを少しでも新しく設定したいのだろうか。

2011年、中国の研究者によって、祢軍という百済人武将の墓誌に「日本」の文字が発見されたという論文が発表された。墓誌は678年制作とされる。これにより日本の国号の成立は、さらに遡る可能性がある。

事例54

神道「体系化」の時期にこだわる文科省
日本の基底文化は神道だとわからせよう

76

③神道（しんとう）とは何か

仏教や儒教など外来の思想が伝来するはるか以前から、日本にあった宗教が神道です。神道には開祖はいません。もともと「惟神（かんながら）の道」といい、「神の道にしたがうこと」「自然と神の道」の意味です。私たちの祖先は１万３千年前にはすでに土偶を作り、目に見えない神に祈りをささげていました。それはキリスト教などの神とは少し違いました。

日本には美しい四季があり、豊かな森や海、清らかで豊富（ほうふ）な水に恵まれていました。また地震、津波、洪水、噴火（ふんか）など多くの自然災害にみまわれました。そうしたなか、太陽や月、山、川、木、火、水、風など自然界のものや現象に人知を超えた神をみて、祈りの対象としました。やがて祈りの場所に神社ができました。今でもご神体が大きな山や木、岩であったり、そのような場所を「パワースポット」として力を得ようとする文化と伝統が日本人の中に息づいています。

［指摘事項］教科書 P38

［指摘事由］

生徒が誤解するおそれのある表現である。

（神道の宗教としての体系化の時期）

神道の教義の体系化は中世に成立した。「伊勢神道」などの教理ができた鎌倉時代以降とする学説が有力である。そこで、神道のコラムは、「記紀」に関する記述のところにおくべきか、それとも中世の文化で取り上げるべきか、編集段階で議論を行い、やはり神道の成り立ちや教育を考えるうえで「記紀」とともに取り上げるのが適切だろうということで落着した経緯がある。

調査官の指摘は想定内であった。そこで「日本古来の宗教が神道である」と示したすぐ後文に、「元来は惟神の道である」と表記し、その意味も分かり易く説明している。大切なことは、神道の宗教としての教義の成立時期や概念の説明よりも、日本古来の思想とは何か、日本人固有の信仰とは何か、をしっかりと理解させることである。

あるクラスで生徒に、日本に元々からあった思想や信仰は何かと発問すると、ほぼ間違いなく仏教と答える。「仏教渡来以前から日本にある信仰・宗教を聞いているのだ」と何度発問しても首をかしげるばかり、時に知識のある生徒が儒教と答えることがあるくらいで、神道が分かるのは、１クラスに１人いれば良い方だ。

その場合でも、神道を「しんどう」と答えるので、「しんとう」と濁らないことを伝える。大学・短大でも約７割の学生が仏教や儒教、あるいは驚くことにキリスト教・ヒンズー教などと外来宗教ばかり答える。

戦前の国家神道への反省からか、神道は、教育現場では忌避（きひ）される傾向にあった。その結果、学習指導要領にある「日本の伝統文化への理解や祭りなどの年中行事の保護・継承」とは、全く反した状況を呈している。それを是正するため、あえて分かり易く「神道」と表記し、より正確な表記である「惟神の道（かんながらのみち）」を補足的に記した。

日本の児童生徒・学生には、最も大切な日本の基底文化・精神文化に対する知識も理解も、ほとんどと言ってもよいくらいにない。あるとすれば、仏教くらいである。それも法隆寺（ほうりゅうじ）や東大寺といったお寺の名前と渡来僧の鑑真（がんじん）くらいである。一方で、神社と寺院の区別すらつかない。神道という言葉そのものも知らない。教義以前に、日本の宗教、本当の意味での伝統文化が分かっていないからなのである。このような状況を文部科学省は分かっているのだろうか。グローバル社会の潮流の中で、堂々と日本の説明ができる若者が育つのか。外国人に対して、日本人の宗教や伝統文化、さらに、皇室の説明ができるのか。これは、明らかに文部科学省の責任である。

生徒に、いきなり「惟神の道（かんながらのみち）」と伝えても理解不能となるし、ましてや成立時期や中世に成立した教義など中学生に何の意味があるのだろう。

まず、日本人の古来の生活に根差した信仰が、神道（惟神の道（かんながらのみち））であることを伝える。次に神道のおおかたの内容と始まりについて説明する。そして、現代に生きる我々の生活や考え方とどう繋がっているのかを考えさせる。神道と言えば、山の神や海の神であり、お社（やしろ）や神社であろう。神社と言えばお参り（祈り）であろう。神道の起源を説くなら、原始神道や古神道（こしんとう）の時代、縄文・弥生・古墳文化まで遡る（さかのぼる）。その信仰を説くなら、記紀に触れるのは当然であり、生徒は理解しやすく、興味を持つ。調査官は、神道の教義教理の成立時期ばかりにこだわって、神道が他宗教より古い起源であると「誤解」されることを危惧（きぐ）していた。素朴な日本人の信仰である神道が、教育の場で少しでも再評価されるのを問題視しているのだろうか。調査官は単に「学説」にこだわっていたのだろうが、結果的には、生徒から「神道」を遠ざけようとしている。

事例 55

「盗みをしない」「争訟少なし」にクレーム
邪馬台国を「争いの国」にしたい願望

68

外の目から見た日本

❽盗みがなく、争いの少ない社会

魏志倭人伝（ぎしわじんでん）は、3世紀前半ごろの邪馬台国（やまたいこく）について、外の目から見て記録したものです。その中で、倭人（わじん）（日本人）の性格と倭人社会の特徴（とくちょう）が書かれています。

①「その風俗淫（いん）ならず」　生活の習（なら）わしは乱れていない。

②「盗みをしない」

③「争訟（そうしょう）少なし」　争いごとが少ない。

倭国は縄文（じょうもん）時代以来のおだやかな社会を引きついでいたのではないかと考えられます。

［指摘事項］教科書 P35

［指摘事由］

生徒が理解し難い表現である。

（同ページ囲み「魏志倭人伝より」及び34ページ15〜17行目との関連）

このクレームは「外の目から見た日本」というミニ・コラムで、魏志倭人伝（ぎしわじんでん）が、倭人の生活と倭人

弥生のムラから古墳のクニへ

稲作によって食料が豊かになると、ムラの人口が増えました。ムラどうしの交流もさかんになりましたが、水田の用水や収穫物(しゅうかくぶつ)をめぐる争いもおこるようになりました。そこで、ムラを守るために、居住地(きょじゅうち)の周囲に防衛(ぼうえい)用の濠(ほり)をめぐらした集落（環濠(かんごう)集落）ができました。

ムラには、共同作業を指揮する指導者があらわれ、祭りをとり

［指摘事項］教科書 P34

❼魏志倭人伝(ぎしわじんでん)より（一部要約）

倭人は、帯方郡(たいほうぐん)の東南の大海にある島に住んでいる。昔は百あまりの国々に分かれていた。現在では、使いを送ってくるのは三十か国である。（略）

倭国は、もとは男性を王としていた。男性が王となっていたのは七、八十年ほどであったが、国内は乱れて、攻め合いが何度もつづいた。そこで合議して、一人の女性を選んで王とし、この女王を卑弥呼(ひみこ)とよんだ。女王は宗教的な力で人々の心をつかんだ。年をとっても夫をもたず、弟がいて政治を助けた。女王になってから、彼女に会った人は少ない。召(め)し使いの女性を千人も従え、ただ一人の男性が食事の世話をし、女王の言葉を伝えるために、その住まいに出入りしていた。

［指摘事項］教科書 P35

社会の特徴について「盗みをしない」「争訟少なし」と書いている――と記したことに対してつけられた。

その意味は極めて分かりにくいが、カッコ内の付記を読むと、言わんとするところは、「魏志倭人伝より」という引用に「（倭国は男性が王であったころ）国内は乱れて、攻め合いが何度もつづいた」にあること、さらには前ページの「弥生のムラから古墳のクニへ」という小見出しがついた本文中の「水田の用水や収穫物をめぐる争いもおこるようになりました」という表現と矛盾するじゃないかということらしい。

前ページの本文は、弥生時代の一般的ムラの状況を書いたもので、邪馬台国に直接触れたものではないので、その矛盾を指摘することは、論外である。また「魏志倭人伝より」の引用文との違いについても、当時の中国には海を隔てた日本から様々な情報が入っていたと想像される。「倭人伝」はそれをそのまま書いたのであり、矛盾はない。もし生徒が疑問を呈したら教師がそのように説明すれば、済むことである。

恐らく調査官の頭の中には、「邪馬台国がそのような争いの少ない国だったはずはない」という自虐史観があり、これを否定するような「魏志倭人伝」をそのまま紹介するのはケシカランというクレームのようだ。

■6
近代日本国家の歩みを否定したい難クセ
「自虐史観」真っ盛りの教科書調査官

事例 56

西郷隆盛は「戦死」したのではないか 西郷を英雄視させる「戦死」はダメ？

263

［指摘事由］

生徒が誤解するおそれのある表現である。（「戦死」）

クレームは第57単元「岩倉使節団と征韓論」の中の西南戦争に触れている部分に対してだった。「反乱軍は徴兵制による政府軍に敗れ、西郷が戦死して戦いは終わりました」という文章の「戦死」がいけないのだという。

明治時代に書かれた『西南記伝』（黒竜会編）などによると、西郷隆盛の最期（さいご）はこうだった。

１８７７（明治10）年９月24日、西郷は「自害」を勧める周囲の声を振り切り、政府

> 1876（明治9）年、政府は、士族に給付していた禄を、一時金と引きかえに打ち切りました（**秩禄処分**）。同年、**廃刀令**が発せられました。刀を取り上げられ、武士の誇りを傷つけられたとして怒りを爆発させた士族は、熊本、福岡、山口などで反乱をおこしましたが鎮圧されました。鹿児島の士族の間では、政府に対する不満はきわめて強く、1877（明治10）年、一部の士族は、西郷を総指揮官として兵をあげました（**西南戦争**）。反乱軍は徴兵制による政府軍に敗れ、西郷が戦死して戦いは終わりました。これ以後、士族の反乱はなくなり、国民皆兵体制が定着していきました。

［指摘事項］教科書 P177

軍に突入、股と腹部に銃弾を受け倒れた。そこで側近が首を落とした。「自害」ではなく「戦死」と言っていい。

ところが指摘は「自害」と書けともせずに、ただ「戦死」はだめだという。どうやら、西郷を大きく取り上げていることに不満を抱いたようだ。

確かに自由社の教科書は、明治新政府における大きな役割に触れ、「征韓論」についても真意はそこになかったことを書いている。加えて「戦死」と書いては、英雄視されるかもしれない。「征韓論」に反発する韓国や、歴史人物を過小評価したがる最近の学界に忖度するあまり、歯切れの悪いクレームとなったようだ。

事例 57

明治14年政変　御前会議で決めたか調査官は「御前会議」を否定したいらしい

269

【指摘事由】

生徒が誤解するおそれのある表現である。

（「御前会議」）

「意見」がついたのは、第４章中「自由民権運動と政党の誕生」という単元の中の「明治14年の政変」という側注に対してである。

側注は明治14年10月11日夜、御前会議で、10年後の国会開設などとともに、筆頭参議・大隈重信（おおくましげのぶ）の罷免（ひめん）を決めたことを記している。これに対し指摘事由では「御前会議」に疑問を呈し、反論への認否書では「学説状況に照らして『御前会議』であったとは断定できず、誤解するおそれがある。反論は認められない」としている。

3 明治14年の政変 10月11日夜、御前会議で、10年後の国会開設などとともに、筆頭参議、大隈重信の罷免を決めました。当時、開拓使という役所による工場などの民間への払い下げ価格が安すぎるという癒着疑惑が新聞で追及されました。これは大隈が情報を流したためというのが罷免の直接の理由でしたが、憲法をめぐる伊藤と大隈の対立が根底にあったとされます。

［指摘事項］教科書 P183

しかし、例えば政変論を整理した姜範錫氏の『明治14年の政変』（朝日選書）は、『岩倉公実記』などをもとに「満三カ月におよぶ長期間の東北・北海道巡幸を終え明治一四年一〇月一一日帰京した明治天皇は旅装を解くいとまもなくその夜（中略）〝御前会議〟に臨んだ」とあるなど、ほとんどの学術書は「御前会議」を肯定している。

調査官らはなぜ「御前会議」にこだわったのか。「政変」は国会早期開設論の大隈を追放したのだが、調査官らは大事なことは「御前会議」で決めてはならないという考えなのだろうかと勘ぐりたくなる。そうだとすると、昭和20年、大東亜戦争を終わらせた「御前会議」も無効だということになる。

事例 58

国民国家をつくった「蛍の光」「蛍の光」の解釈に学術論文が必要？

258

❹「蛍の光」と国境

「蛍の光」はスコットランド民謡の曲に日本語の歌詞をつけた「小学唱歌」として1881（明治14）年に生まれました。その後卒業式などでの別れの歌として親しまれてきましたが、その4番にはこんな歌詞がありました。「千島のおくも沖縄も　やしまのうちの護りなり…」。これは、国境が画定したのを受けて、千島から沖縄までが日本（やしま）だということを国民に教える意味も込められており、国民国家をつくる上で重要なことでした。

［指摘事項］教科書 P172

［指摘事由］

生徒が誤解するおそれのある表現である。（断定的にすぎる）

このダメ出しは、第4章「近代日本の建設」の中にある「近隣諸国との国境画定」という単元の中のミニコラムに対して行われた。

ミニコラムは「『蛍の光』と国

境」と題して、明治14年「小学唱歌」として生まれた「蛍の光」の4番の歌詞に「千島のおくも沖縄も　やしまのうちの護りなり…」とあることを指摘、国境が確定したのを受けて、国民に日本の範囲を教える意味もあったと書いている。

ところが、これも「誤解するおそれがある」という。自由社の反論に対する認否書では「史料的根拠や学術論文の存在がないため、このような断定的記述では誤解するおそれがある」とまで述べている。

そもそも、一つの唱歌の歌詞をめぐる「学術論文」などあるだろうか。それより、樺太・千島交換条約が結ばれて6年後、沖縄県が置かれて2年後につくられた唱歌であることを考えれば、ミニコラムのように受け取るのはごく自然な感覚である。しかも「意味も込められており」としており、決して断定的記述ではない。

この「蛍の光」の4番は戦後、学校現場でほとんど唄われていないという。国境問題をとり上げると、まるで軍国主義のようにとらえ、正面から教えようとしない文科省の姿勢を反映しており、検定もこれに沿っているといえる。

いち早く国境問題を唱歌に取りこんだ明治の文部省や、今も北方領土や竹島など領土問題に取り組んでいる政府の姿勢をも否定するようなものである。

事例 59

満州国建国の理由　東京裁判史観から抜け出せない検定

321

② 満州はなぜ建国されたのか

溥儀（1906～67）

「満州国」の建国式典（1932年3月9日）

満州はもとは「満洲」（州にさんずい）という狩猟民の故郷だった土地で、万里の長城の北側にあり、中国人がこの土地を支配したことはありません。

満州族が立てた国は17世紀前半に国号を清とし、明が滅亡すると中国に入り北京に遷都しました。

辛亥革命後の1912年、宣統帝（溥儀）が退位して清朝は滅亡しました。1928年、満州は軍閥の張学良の支配地となり、無法地帯と化しました。満州族は圧迫され、清朝復権の願望が広がりました。

満州事変後、満州国が建国されたのは、日本が満州の土地を守り、治安を安定させ、ソ連に対処するためでした。同時に、満州族の復権の願望に応えるものでした。

［指摘事項］教科書 P230

［指摘事由］

生徒が誤解するおそれのある表現である。（満州国建国の理由として一面的である）

第77単元「満州事変と満州国建国」に付けたコラム「満州はなぜ建国されたのか」に対する指摘である。これまた一方的指摘であり、ではどう書けばよいかという疑問には一切答えていない。

恐らく教科書調査官らの本音は「満州事変も満州国建国も日本の中国侵略の一環であり、このことを書かないのならNGだ」ということだろう。

これは、戦後の戦勝国による「東京裁判史観」に毒された自虐史観の典型である。東京裁判史観は、第二次世界大戦の発端を「日本の満州事変での中国侵略」に押し付けようという考えで、この史観は戦後長く日本人を支配してきたのである。

だが、コラムの前半に書いてある通り、満州はもともと、狩猟民族の土地であり、中国人に支配されたことはなかった。その後ロシアが進出を開始。このことで自国の防衛に危機を感じた日本は、異議を唱え、日露戦争でロシア勢力を追い払った。

しかしその後は、張学良（ちょうがくりょう）の軍閥（ぐんばつ）が実質支配し、南満州鉄道運営などの利権を得ていた日本との対立が激化した。満州事変は日本の関東軍が満州の治安を安定させようと起こしたものだった。むろん日本人の中にはさまざまな思惑を抱く者もいたが、国全体としてみれば、満州国建国はまさしく満州の地を守り、ロシア（ソ連）の脅威に備えるものだった。

教科書調査官たちが、自分たちの自虐史観から抜け出さないかぎり、日本の歴史教育の前途は暗い。

事例 60

日中戦争長期化の原因 検定はＧＨＱの洗脳による自虐史観

361

【課題②について書いたさくらさんのノート】
①日露戦争で日本がロシアに勝ったことで、アメリカに警戒心が強まった。
②国際連盟発足にあたりアメリカは、日本が提案した人種差別撤廃条項を拒否した。有色人種の間に失望感がひろがった。
③ワシントン会議でアメリカは日英同盟の破棄に動いた。
④アメリカは排日移民法を制定した。これに対し、日本人の反発が強まった。
⑤日本と中国の紛争においてアメリカは中国を支援し、日中戦争が始まってからも援蒋ルートによる支援を続けたので、日中戦争は泥沼化した。
⑥アメリカが石油輸出禁止など経済封鎖をしたため、日本は資源を求めて東南アジアに進出した。

［指摘事項］教科書 P253

【指摘事由】

生徒が誤解するおそれのある表現である。
（日中戦争長期化の原因）

自由社の教科書には【日本と中国の紛争においてアメリカは中国を支援し、日中戦争が始まってからも援蒋（えんしょう）ルートによる支援を続けたので、日中戦争は泥沼化した】と書いている。それに対して、教科書調査官の指摘は、アメリカの対中国支援が、日中戦争長期化の原因かどうかわからないという趣旨のようである。

しかし、当時の中国では、飛行機も戦車も作れなかったのであり、アメリカやイギリスによる援蔣ルートを通じた支援がなければ、中華民国の国民政府は、戦争を継続しえなかったことは明らかである。1938年10月、武漢三鎮が日本軍の手に落ち、重慶に退いた蔣介石の国民政府に対して、米英両国などによる仏印ルートやビルマ雲南ルートを通じた支援、および共産ルート（赤色ルート）を通じたソ連からの支援が行われた。アメリカの支援としては、1938年12月の2500万ドルの借款供与を皮切りに、合計9500万ドルが実際に使われた。

今年は戦後75周年、すなわち洗脳から75周年である。調査官は、いまだに完全に洗脳にかかったままなので、日本軍が、中国に対して余計な侵略を進めたからいけないのだという観念を払拭できないようである。日本政府が、日中戦争の拡大を望んでいなかったことは、積極的に数々の和平を実現させたことからも明らかである。

事例 61

フライング・タイガースはいつ戦闘に？アメリカの対日戦「実質」開始を隠蔽

328

❻フライング・タイガースの戦闘機　日米開戦前の1940年の夏から、アメリカは、空軍パイロットを義勇団と称して戦闘機とともに中国に送りこんでいました。この部隊をフライング・タイガースといいます。この時、アメリカは対日戦争を実質的に始めました。

［指摘事項］教科書 P235

【指摘事由】

生徒にとって理解し難い表現である。
（実際の日米戦争開始との関係）

アメリカ陸海軍合同の作戦計画ＪＢ３５５が、１９４１年７月18日付でルーズベルトに提出された。これは10月１日までに３５０機の戦闘機と１５０機の長距離爆撃機を中国に供与して、中国の基地から東京、大阪、神戸、長崎などの都市を爆撃するというものである。

この作戦計画をルーズベルトは7月23日付でＯＫのサインをしている。この文書は公開されており、真珠湾攻撃50周年の１９９１年12月6日、ＡＢＣテレビがこのテーマの放送をしている。日本でも遅ればせながら、２０１８年の8月12日に「真珠湾攻撃77年目の真実」と題してこの番組を放送した。

ルーズベルトは中国を使い、日本爆撃作戦を発令していたとされ、この攻撃のパイロットは実はシェンノート大佐による偽装ボランタリー・アメリカ兵パイロット部隊（フライング・タイガース）が主体となって行うものであった。ところが、イギリスの危機、パイロット募集の遅れのため10月1日には攻撃を実行できなかった。

この日本攻撃計画は、シェンノートが１９３７年5月、中国空軍の顧問となり、その後、空軍参謀長となって中国軍の訓練を行うとともに、アメリカからの航空機支援やアメリカ人パイロットによるゲリラ部隊などを進めてきた延長線上にある。ＪＢ３５５作戦の方が、アメリカの実質対日開戦開始の説明には適しているかもしれない。しかしここでは、よく知られているフライング・タイガースを取り上げ「生徒がアメリカは対日戦をすでに始めていた」ことを説明したもので、十分に理解できる。

事例 62

366

東京裁判とＧＨＱの関係 ＧＨＱ史観と東京裁判史観は同根

［指摘事由］

生徒が誤解するおそれがある表現である。
（東京裁判が開かれる経緯および東京裁判とＧＨＱとの関係）

これは「占領下の検閲（けんえつ）と東京裁判」と題した大型コラムについたクレームである。コラムはＧＨＱ（連合国軍総司令部）が、日本人に大東亜戦争に対する罪悪感を植え付けるため、彼らの歴史観を押し付けた事実を示し、その歴史観に基づいて当時の軍人や政治家を裁くための東京裁判を行ったと解説している。

しかるに指摘はこれが「誤解」を招くとしている。つまり調査官らは、東京裁判はＧＨＱの歴史観とは関係なく行われたと言いたいようだ。だが昭和20年12月、全国の

◉東京裁判と国際法

こうしたGHQの歴史の見方をもとに、1946（昭和21）年5月から2年半にわたって開かれたのが、東京裁判です。戦争前や戦争中の指導的な政治家や軍人が被告となり、全員が有罪と宣告されて、大東亜戦争開戦

［指摘事項］教科書 P258

新聞に一斉に掲載された連載「太平洋戦争史」を読めば、GHQの史観と東京裁判史観が軌を一にしていることがわかる。「太平洋戦争史」は、GHQ提供の「歴史」を日本語に訳し、強制的に掲載させられたものである。それによればあの戦争は、満州で日本軍が企てた陰謀（満州事変）で始まり、中国全土や日本と英米などとの戦争に拡大していったとする。東京裁判もこの論理が貫かれていた。

だからこそ裁判では、満州事変当時の関東軍高級参謀・板垣征四郎がA級戦犯の一人として絞首刑としたのである。こうして読めばコラムはまったく事実通りで、生徒に誤解を与えることなどない。

調査官らは、「東京裁判は万国共通の正義の論理で貫かれていた」とでも信じ、それを生徒たちにも押しつけるべきだ、と考えているのだろうか。

事例 63

ソ連のサ条約調印拒否の意味するもの 対日講和条約締結の経緯に無知な調査官

367

[指摘事由]

生徒が誤解するおそれのある表現である。（ソ連の調印拒否と平和条約締結・北方四島返還との関係）

対日講和条約とソ連について述べているが、これまで検証され確実なものとされている定説を要約しており、調査官が常識から大きく逸脱しているのに唖然（あぜん）とした。

サンフランシスコ講和条約は、１９５０年６月に朝鮮戦争が勃発（ぼっぱつ）したために、アメリカが危機感に駆られて、対日講和条約を急ぎ、翌年９月に締結された。ソ連と東ヨーロッパの衛星２か国が連合国として会議に参加したものの、アメリカ主導の条約に調印することを拒んだ。

いっぽう、ソ連は講和会議には参加しましたが、冷戦で対立が激化していたアメリカへの反発から調印を拒否しました。この結果、日本とソ連との平和条約は締結されず、終戦直後、ソ連が不法に占領した北方４島の返還は先送りされました。また講和条約では、沖縄、奄美群島など北緯29度以南の南西諸島や小笠原諸島はアメリカによる統治が続きました。

日本とソ連との間には、**北方領土**だけではなく、シベリア抑留者のうち当時

［指摘事項］教科書 P262

ソ連は対日講和条約第６条(a)が連合国の占領軍が日本から撤収することを定め、「但し」日本との協定によって「外国軍隊の駐留を妨げない」といって、アメリカ軍が日本に駐留を続けるのを受け入れられなかった。

また第６条(b)が、「日本国軍隊の各自の家庭への復帰」の「実施が完了されていない限り、実行される」という規定は、不法に57万人以上の日本軍将兵を抑留し、強制労働に服させていたため受け入れることができなかった。囚われていた将兵（うち約六万人が死亡）は、１９５６年にようやく帰国できた。ソ連がサンフランシスコ講和条約に調印しなかったために、ロシアが今日にいたるまで北方四島を不法占拠し続けているとの記述が、誤解を与えるはずがない。

事例64

戦争の勝者である連合国の戦争犯罪は？1068名の中に無実の人がいなかった！

354

◉日本軍の戦争犯罪

これら、戦争の勝者である連合国側の戦争犯罪は一切、裁（さば）かれることはありませんでした。

これに対し連合国側は、日本軍が侵攻した地域で、捕虜とした敵国の兵士や非武装の民間人を虐待し殺害したとして厳しく裁きました。この結果1068人の日本人が処刑されました。そのなかには無実でありながら、誤った判決で処刑された人もいます。

［指摘事項］教科書 P247

【指摘事由】

生徒にとって理解しがたい表現である。

（日本軍の戦争犯罪の実態）

検定意見はコラム全体を不可とし、特に日本軍の戦争犯罪の実態を書けという。背景にあるのは、南京事件などを書かせたいという底意（そこい）である。他方、連合国側の戦争犯罪は、タブー視されてきた。だから、教科書にはこう書いた。

【これら、戦争の勝者である連合国側の戦争犯

罪は一切、裁かれることはありませんでした】

これのどこに間違いがあるというのか。一方的に「不可」と判定する権限など教科書調査官にはないということを知るべきである。こんな一方的な断定は、職権乱用を超えて公務員倫理規定違反の犯罪行為とすら言える。

つづいて、【これに対し連合国側は、日本軍が侵攻した地域で、捕虜とした敵国の兵士や非武装の民間人を虐待し殺害したとして厳しくさばきました。この結果1068人の日本人が処刑されました。その中には無実でありながら、誤った判決で処刑された人もいます】と書かれているが、そのどこに誤りがあるというのか。誤って処刑された人がいなかったとでもいうのだろうか？　そんなことを生徒に教えたらそれこそ誤解どころか、大ウソを教えることになりかねないではないか？

恐ろしい話である。この記述が間違っていると断ずるのなら、その根拠を一般の人が十分に納得するような説明をする義務が教科書調査官にはあるのだ。それをしないで、単に反論は認められない、などという権限は調査官にはない。

結局のところ、こういう越権的な断定をする根拠は、東京裁判判決という威光を笠に着て、自らの立場を正当化しているところにありそうだ。

事例 65

日米開戦時ワシントン日本大使館の不手際 それを書かせない検定の背後に外務省？

335

［指摘事由］

生徒が誤解するおそれのある表現である。
（攻撃後の通告となった理由）

最初に断っておかなければならないが、この項目の執筆者側の反論書では「本件は、現行の教科書の記述を完全に踏襲したものである」と記している。しかし前回検定合格の実際に使用している教科書では、「日本政府にだまし討ちの意図はなく、攻撃開始前に日米交渉の打ち切りを通告する予定であったが、日本側の不手際（ふてぎわ）で、攻撃後の通告となった」となっている。

この大使館の不手際の問題は現行版の検定でも問題になった。そこでは資料を提示

> **3** 日本政府にだまし討ちの意図はなく、攻撃開始前に日米交渉の打ち切りを通告する予定だったのですが、ワシントンの日本大使館の不手際で、攻撃後の通告となりました。

［指摘事項］教科書 P238　側注③

> **3** 日本政府にだまし討ちの意図はなく、攻撃開始前に日米交渉の打ち切りを通告する予定であったが、日本側の不手際で、攻撃後の通告となった。

［指摘事項］現行版教科書 P238　側注③

して根拠を示し、その結果最後には教科書調査官も納得し、確かに「ワシントンの日本大使館の不手際で」の意味を明示する記述となったのである。その後、自由社内の編集部で何かあってか現行版の代表執筆者の知らないうちに、「日本側の不手際で」とやや曖昧な表現になったものである。編集者はすでに他界しているので事情は分からない。

いずれにせよ、今回の検定申請本で書いたことは、前回、教科書調査官との間で確実に合意が取れたもので、「日本側の不手際で」と記述するより「ワシントンの日本大使館の不手際で」とした方が責任の所在を明確に示すことができ、優れた記述である。したがって、この記述を認めないとする今回の不合格理由「生徒が誤解するおそれのある表現である。（攻撃後の通告となった理由）」は全く納得できず、不当である。

この検定申請本の記述の正しさは、反論書でも示してあるとおり、八木正雄「対米通告遅延の全真相」（『文藝春秋』１９９５年12月号）のほか、杉原誠四郎『日米開戦以降の日本外交の研究』（亜紀書房　１９９７年）に詳しく説明されている。

現在の日本国民にはあまり知られていない史実であるが、日米開戦前、日本側もアメリカの外交電報をかなり解読しており、しかもルーズベルトをはじめアメリカ政府首脳は日本がアメリカの外交電報を読んでいるというその事実を知っていたということを含む重大な史実について、杉原のこの本は事実上初めて言及した研究書であり、ワシントンの日本大使館の通告遅延の失態に関して最も詳しく記述した研究書といってよい。通告遅延の責任はワシントンの日本大使館にあることを完膚（かんぷ）なきまでに明らかにしている。

日米開戦にともなうワシントンの日本大使館の失態は、その後展開される日米戦争にあってアメリカから無条件降伏を突き付けられる要因ともなり、日米戦争を最高度に凄惨(せいさん)な戦争にする原因になった。であるから、教科書で日米戦争の記述に関わっては、必ずや書かなければならないといえる。

この通告遅延失態の問題は、ここまで述べた日米戦争だけの問題だけでは終わらない。この失態の直接の責任者である2人の館員は戦後、懲戒に付されるどころか、占領期に首相を務めた吉田茂によって外務省の最高の官職である外務次官に任命された。この政治的犯罪とも言える吉田の任命行為によって、外務省はこの失態の事実を隠したのみならず、本来外務省が負うべき戦争責任、つまり戦争を回避すべくして回避できなかったという戦争責任をも隠さざるをえなくなった。

その結果、外務省は占領軍の押し付けた自虐史観に奉じる以外にはなくなり、かの戦争は軍部の引き起こした悪い戦争だとしか言えなくなったのである。自虐史観の発信機関と化した外務省は、戦後たえず教科書検定に介入し、自虐史観の教科書を作らせるよう働きかけてきた。

これまで教科書検定に関した事件が四次にわたって起こった。第一次は昭和40年の家永(いえなが)三郎によって起こされた教科書訴訟事件、第二次は近隣諸国条項を作らせた昭和57年の教科書誤報事件、第三次は、昭和61年の高校教科書『新編日本史』のいったん決定した検定に介入し書き換えさせた事件、そして今回のつくる会歴史教科書の検定不合格事件である。このうち第二次、第三次はいずれも歴史教科書をして自虐化させるために外務省が主導したものだった。

今回のこの項目の不許可は、ワシントンの日本大使館の不手際について記述させまいとする外務省の意向が働いていると考えるよりほかはない。でなければこれだけ明瞭な反論を無視してくるはずはない。

とすれば、今回のつくる会の歴史教科書の不合格事件は、教科書検定をめぐる自虐史観克服のための決戦だということになる。つくる会が敗れれば、外務省の自虐史観がいつまでも続き、日本国全体の史観となる。

最後に資料について多少、付論しておく。上記の杉原誠四郎『日米開戦以降の日本外交の研究』は、前述のごとく重要な文献でありながら、平成17年に国立公文書館で始まった〈インターネット特別展「公文書に見る日米交渉――開戦への経緯」〉の文献紹介のところで紹介されていない。断定は避けるが、このようなところにも外務省に都合の悪いことを書いた文献は世間に浸透させないという外務省の意向が働いているのではないかと思われる。

事例66

「アジアを侵略したと書け」という検定　日本の行動の正当な評価に挑むアジア人

340

【指摘事由】

生徒が誤解するおそれのある表現である。（日本の戦争目的及び占領の実態及び262ページ8～9行目［日本は戦場となったアジア諸国に賠償を行いました――引用者注］との関係）

【日本の南方進出は、戦争遂行に必要な資源を獲得し、各国の独立のもとに日本を盟主とした新しい経済圏を確立することが目的でした】という教科書の記述は間違いではない。生徒はどのように誤解するというのか？　またこの文章はコラム④アジアの人々を奮（ふる）い立たせた日本の行動、⑤日本を解放軍として迎えたインドネシアの人々、⑥インドネシア独立戦争に加わった日本兵、で述べられていることによって裏付けら

アジア諸国と日本

日本の南方進出は、戦争遂行に必要な資源を獲得し、各国の独立のもとに日本を盟主とした新しい経済圏を確立することが目的でした。日本は「アジアの解放」をかかげましたが、戦場となった、中国や東南アジア地域の人々にも被害がありました。

日本は占領各地で軍政をしきました。小学校や技術訓練の学校を設立し、民衆をふるい立たせる教育を実施しました。現地の独立運動の指導者たちは、欧米諸国からの独立を達成するため、日本の軍政に協力しました。

しかし、日本語教育や神社参拝をとり入れたことに対する反発もあり、連合国と結んだ抗日ゲリラ活動もおきました。日本軍はこれにきびしく対処したので、民間人にも犠牲者が出ました。また、戦争末期になり、日本の戦局が不利になると、食料が欠乏することや現地の人々を労働力として動員することがおきました。

日本軍が敗戦で撤退すると、旧宗主国のイギリス・フランス・オランダは直ちに再支配のためにもどってきました。しかし、これらの地域は、それらにたちむかって、次々と独立国となりました。また、日本軍の将兵の中には、敗戦のあとも現地に残り、現地の人たちとともに独立戦争を戦った者も多数いました。

［指摘事項］教科書 P240-241

れている。

これらの事実を無視して検定意見は要するに「アジアを侵略したと書け」と言っている。

本年（２０２０年）２月３日スリランカ独立記念日に、スリランカの弁護士で、国際的な仏教活動家であるセナカ・ウィーララトゥナ氏は、「日本がスリランカの独立に果たした役割」という長文（４７００字）の論文をAsian Tribune紙に寄稿している。そこで、氏は「われわれアジア人が挑戦すべきは、我々自身の心を脱植民地化し、まっさらな目で、第二次世界大戦の戦前と戦中に日本がとった行動を見ることである」と強調している。さらに「日本が西洋の植民地支配からアジアを解放した、その希有な貢献こそ正当に評価さるべきなのだ」と述べている。

まるで、日本はセナカ氏のいう「アジア人」になるなと検定意見は言っているかのようだ。いつまで、占領軍が行った東京裁判による「日本は侵略者」という断罪に拝跪しようというのか。こんな検定思想では、まさしくアジアの孤児になってしまうだろう。

占領の実態についてはマイナス面にもしっかり触れている。【戦場になった、中国や東南アジア地域の人々にも被害がありました】と述べているので、「日本は戦場となったアジア諸国に賠償を行いました」ということと全く矛盾はない。きわめて整合的である。

○義務教育諸学校教科用図書検定基準　＜3＞

*142ページより続く。

第2章　教科共通の条件（続き）

（政治・宗教の扱い）

(4)　政治や宗教の扱いは、教育基本法第14条（政治教育）及び第15条（宗教教育）の規定に照らして適切かつ公正であり、特定の政党や宗派又はその主義や信条に偏っていたり、それらを非難していたりするところはないこと。

（選択・扱いの公正）

(5)　話題や題材の選択及び扱いは、児童又は生徒が学習内容を理解する上に支障を生ずるおそれがないよう、特定の事項、事象、分野などに偏ることなく、全体として調和がとれていること。

(6)　図書の内容に、児童又は生徒が学習内容を理解する上に支障を生ずるおそれがないよう、特定の事柄を特別に強調し過ぎていたり、一面的な見解を十分な配慮なく取り上げていたりするところはないこと。

（特定の企業、個人、団体の扱い）

(7)　図書の内容に、特定の営利企業、商品などの宣伝や非難になるおそれのあるところはないこと。

(8)　図書の内容に、特定の個人、団体などについて、その活動に対する政治的又は宗教的な援助や助長となるおそれのあるところはなく、また、その権利や利益を侵害するおそれのあるところはないこと。

（引用資料）

(9)　引用、掲載された教材、写真、挿絵、統計資料などは、信頼性のある適切なものが選ばれており、その扱いは公正であること。

(10)　引用、掲載された教材、写真、挿絵などについては、著作権法上必要な出所や著作者名その他必要に応じて出典、年次など学習上必要な事項が示されていること。

(11)　統計資料については、原則として、最新のものを用いており、児童又は生徒が学習する上に支障を生ずるおそれのあることはなく、出典、年次など学習上必要な事項が示されていること。

（構成・排列）

(12)　図書の内容は、全体として系統的、発展的に構成されており、網羅的、羅列的になっているところはなく、その組織及び相互の関連は適切であること。

(13)　図書の内容のうち、説明文、注、資料などは、主たる記述と適切に関連付けて扱われていること。

(14)　実験、観察、実習、調べる活動などに関するものについては、児童又は生徒が自ら当該活動を行うことができるよう適切な配慮がされていること。

＊以下、(15)～(18)は省略。下線を附したものは自由社に適用された事項。**284ページへ続く。**

■7 中国・韓国への忖度限りなし「近隣諸国条項」は生きている

事例 67

288

軍閥割拠・内戦の中国が無法地帯ではなかった？ ３千万の内戦の犠牲者を隠蔽するのか

【指摘事由】

生徒にとって理解し難い表現である。

(「無法地帯と化しました」)

【清朝滅亡後の中国大陸は、軍閥の割拠する無法地帯と化しました。】という記述の「無法地帯と化しました」が理解しがたい表現という。しかしながら、おそらく生徒は「そうか、統一国家が順調に成立したのではなく、軍閥が割拠して争う無法状態になったのか」と理解するであろう。調査官は、このように理解されるのが多分困る、ということなのだろう。

辛亥革命によって清朝が滅亡し、中華民国が成立し、孫文が臨時大総統に就任した。

しかし、外国亡命者の集まりだった革命派には国内統治の力はありませんでした。孫文は皇帝を退位させる条件として、清朝の重臣の**袁世凱**に大総統の地位を譲ることを認めなければなりませんでした。清朝滅亡後の中国大陸は、軍閥の割拠する無法地帯と化しました。

［指摘事項］教科書 P199

その後、実力者の袁世凱がこれを引き継ぐが、その死後、軍閥割拠となり、孫文は広州で政府を組織し、北京は北洋軍閥の支配するところとなった。北洋軍閥の主たる軍閥指導者は約20人、孫文を含む地方軍閥は、40人という文字通りの群雄割拠の時代が、1918年から、蔣介石の北伐までの1928年まで続いたのである。

この軍閥間の内戦は絶え間なく続いた。大きなものとしては「安直戦争」「第一次奉直戦争」「第二次奉直戦争」などあるが、地方軍閥間の戦争も、例えば四川省内だけでも約500回の軍閥内戦があったという。ノーベル文学賞候補にもなった著名な著述家の林語堂は、この内戦7年間の犠牲者は、総計3千万人に及ぶと推計している。このような状態にあった中国を「無法地帯」と表現することは、きわめて適切であり、これを不可とするのならその理由を説明する義務がある。

事例 68

現代中国語の語彙の70%は日本語に由来 それを隠したい教科書調査官

292

⑥近代中国をつくった日本文化

日清戦争に敗北した清朝は、国の近代化に取り組まざるを得なくなりました。1300年の間、優秀な人材を漢籍（かんせき）の世界にしばり付けていた科挙（かきょ）➡P.49の制度は廃止（はいし）され、毎年平均5000人、総数で10万人を超える留学生が日本にやって来ました。彼らは明治維新後、近代化をなし遂げた日本の文化を学んで帰り、近代中国の文化の基礎をつくりました。

日本人は欧米の学問、思想、社会制度を体系的に学ぶため、明治初年に漢字を使って多数の翻訳語を和製漢語として発明しました。それらはそっくり現代中国語の語彙（ごい）となりました。

例えば、「中華人民共和国」という国名の「人民」も「共和国」も日本の翻訳語です。「社会主義」の「社会」「主義」も同じです。「栄養」「遠足」「会話」「関係」などの日常語を含め、現代中国語の辞書に掲載（けいさい）された語彙の70パーセントは日本語に由来（ゆらい）するとされています。

［指摘事項］教科書 P199

［指摘事由］

生徒が誤解するおそれのある表現である。

（数字の根拠）

現代中国語の語彙（ごい）の70％が日本語に由来するとは、知らなかった人にとっては衝撃的な事実であろう。日本と中国との関係を考えるに当たって、まず必要なのは、事実に基づくということである。教科書調査官は数字の根拠を問題にしている。これはやろうと思えばすぐにできることだから、誰か実行してもらいたい。結果が60％であろうと、80％であろうと、大勢に影響はない。

西洋の近代科学を中国人は自分たちで咀嚼（そしゃく）し自家薬籠中（じかやくろうちゅう）のものとすることができなかった。日本人は、近代科学の基本概念をまず日本語の体系に移し替えるところから始めた。既存の漢語にあるものはそれを転用し、ないものは造語した。こうして、自然科学も人文科学も社会科学も、中国人は、日本人から学んだ。日本は中国の大恩人なのである。

事例 69

中国が「九か国条約」を守った？ 条約の一方的廃棄は「九か国条約」違反である

305

【指摘事由】

生徒にとって理解しがたい表現である。
（「九か国条約」と中国との関係）

９か国条約は、中国の独立や領土保全、門戸開放が定められたものであるが、中国には当時、北京と広東の二つの政府が並立していたこともあり、この条約が守られないことが多かった。中国問題の最高の権威の一人だと考えられていた外交官のジョン・マクマリーが『平和はいかにして失われたか―大戦前の米中日関係、もう一つの選択』（原書房）の中で、「ワシントン体制を傷つける最も決定的な契機は、中国による１８９６年および１９０２年の日清（にっしん）条約（通商航海条約）の廃棄であった」と述べている保有率は5：5：3とすることが決められました。これは第一次世界大戦後の軍縮の流れにそうもので、日本は国際協調外交の精神のもと軍縮を推進しました。増大した軍事費を削減したい日本政府にとっても、軍縮は望ましいことだったという一面があったからです。しかし、海軍の中にはこの比率に対し、「それでは国は守れない」とする意見も根強くありました。

中国における権益問題では、領土保全（りょうどほぜん）、門戸（もんこ）解放が「九か国条約」として成文化（せいぶんか）されました。ただ、中国はこの条約を守りませんでした。

［指摘事項］教科書 P221

通りである。

合意に至らないまま一方的に旧条約破棄を宣言する、ということは9か国条約が前提とする国際慣行の否定である。1926年には、ベルギー条約の廃棄を一方的に行って国際問題となっている。

中国のこのような行為の背景は、王正廷（おうせいてい）外交部長などが唱導した「革命外交」（不平等条約の破棄、利権回収の実現）という外交方針がある。

張学良（ちょうがくりょう）が、条約で決められた日本人の居住・営業の権利、特に商租権を実質禁止しようとしたりしたのもこの流れの中にあるもので、満州事変の原因の一つとなっている。

事例 70

教科書は中国人の民族的反発を否定せず教科書調査官は文章を誤読して欠陥視

314

［指摘事由］

生徒が誤解するおそれのある表現である。
（「中国人の民族的反発とも見えますが」）

清朝末期より海外列強に蚕食され、領土の損失、租界地の設立あるいは不平等条約を余儀なくされてきた中国人民が民族的反発を感じたのは自然なことであろう。清朝が滅んだ後の中国では軍閥が各地域を支配し、いわば無政府状態にあった。

一方、1917年にロシア革命を成功させたソ連は自国を守るため、コミンテルンを設立して共産主義思想を世界中に拡散させて共産主義革命の輸出を企むようになっていた。

中国の排日運動

1920年代の中国大陸では、各地に私兵をかかえた軍閥が群雄割拠していました。1919年、孫文は、国内統一を目指す国民党を創設しました。孫文の死後、後をついだ**蒋介石**は、1926年、国内を統一するための北伐を開始し、1928年、北京をおさえて北伐を完了しました。しかし、地方の軍閥の勢力は残り、混乱はつづきました。

同時に中国では、不平等条約によって中国に権益をもつ日本や欧米諸国を排撃する動きが高まりました。それは列強の支配に対する中国人の民族的反発とも見えますが、暴力によって革命を実現したソ連の共産主義思想の影響のもと、コミンテルンの工作に

［指摘事項］教科書 P228

コミンテルンは、ドイツ革命が失敗後、革命輸出の矛先はアジア諸国に向かい、しだいに国情が軍閥の群雄割拠する混乱のさなかにあった中国への革命輸出に注力するようになっていった。日本でもコミンテルンの支部として日本共産党が設立されている。

1924年のソ連による、ロシアが中国で持っていた利権の返還（カラハン宣言）を追う形で、当時の中国の指導者・孫文はソ連・コミンテルンと組んで、第一次国共合作が成立した。幹部には共産党員も就任した。ソ連の援助のもと軍人育成も組織化され、蒋介石も黄埔軍官学校の校長となった。

孫文の後継者・蔣介石は国民政府を組織し、中国統一を目指して北伐を開始した。北伐軍の中にはコミンテルンの指令で動く共産党員が紛れ込んで各地で工作活動を行っており、その影響下に各地で外国人を標的にした暴動略奪事件が起こった。当初の標的は主として英国であった。

北伐の過程で１９２７（昭和２）年に各国の大使館（領事館）、居留民を標的とした略奪、暴行、殺人の限りを尽くした南京事件、漢口事件が起きた。これを詳しく説明したのが２２８ページのコラムである。

南京事件で英国と米国は日本に共同防衛を打診した。しかし、幣原対中協調外交を国是とした日本はひたすら忍従を貫いた。英米は艦艇による砲撃を行って暴動を鎮圧し、英国はその後ソ連と断交した。

英国は、日本が抜け駆けして中国と組んでいるのではないかと疑い、その後の英国の外交姿勢を変化させる端緒ともなった。

日本はその後も協調外交を継続した。一方、中国民衆の間には日本人は叩けば引き下がるという意識が植え付けられ、その後の中国による侮日行動のエスカレートにつながっていった。

文科省は自由社からの反論を否認し、「『中国人の民族的反発とも見えますが』という記述では民族的反発が見かけだけのように誤解するおそれがある」と書いた。これに反論するために、指摘箇所の教科書記述の全体を正確に引用すると次のようになる。

【同時に中国では不平等条約によって中国に権益を持つ日本や欧米諸国を排撃する動きが高まりました。それは列強の支配に対する中国人の民族的反発とも見えますが、暴力によって革命を実現したソ連の共産主義思想の影響のもと、コミンテルンの工作によって、過激で無法な暴動の性格をおびていました】

これは、中国人の民族的反発が革命思想に影響された激しい暴動性を帯びていたことを強調している文章であって、民族的反発が見かけだけだったと言っているのではない。指摘箇所の1番目の文が述べている「中国に権益を持つ日本や欧米諸国を排撃する動きが高まりました」ということは民族的反発がなくては起きない。

検定意見は指摘箇所の2番目の文中の接続詞「が」の記述強制力が弱いところを捉えて、「が」によって前後の節を包摂していると捉えずに、「が」が前の節を完全否定しているように曲解している。

事例71

協調外交と排日運動との関係　排日運動は日本が悪かったからだけなのか

317

よって、過激で無法な暴動の性格をおびていました。日本に対しては、日本商品をボイコットし、日本人を襲撃して殺傷する排日運動が激しく展開されました。

協調外交の行きづまり　政党内閣のもとで２期にわたって外務大臣をつとめた幣原喜重郎は、英米と協調して条約を守りながら、中国の関税自主権回復の要求を支持するなど、中国の民族感情にも同情をもって対応する国際協調外交を推進しました。しかし、それを日本の弱みと見てつけ込む中国の排日運動は一層激しくなり、協調外交は行きづまりました。

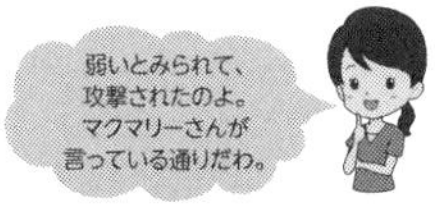

弱いとみられて、
攻撃されたのよ。
マクマリーさんが
言っている通りだわ。

［指摘事項］教科書 P229

［指摘事由］

生徒が誤解するおそれのある表現である。（協調外交と排日運動との関係）

この指摘は、第76単元の中の「協調外交の行きづまり」の項に向けられた。大正末期から昭和初期にかけ、2回にわたり外相をつとめた幣原喜重郎が、特に中国に対して、その民族感情に同情をもって対応するなどの協調外交を推進したことを記述。その後に【しかし、それを日本の弱みと見てつけ込む中国の排日運動は一層激しくなり、協調外交は行きづまりました】と書いた。

ありのままを書いているのだが、検定はやはり「生徒が誤解する」として欠陥箇所に認定した。つまり、協調外交と排日運動とは関係ないと言いたいらしい。

だが、同じページにある「中国の情勢についての米外交官マクマリーの見解」（『平和はいかに失われたか』）によれば、当時の中国人は「敵対者が何か弱みの兆しを見せると、たちまち威張り散らす」ということがあった。

マクマリーは当時のアメリカの中国問題の権威であり、彼が見抜いたこの中国人の特性こそが、幣原の協調外交を行きづまらせた一因であることは間違いない。

もし指摘通り、協調外交と排日運動が関係なく、排日が協調外交の弱みにつけこんだのでないとするのなら、なぜ排日運動が激化したというのだろうか。日本が中国を痛めつけたから、中国人の純粋な国民感情に火をつけたためだけと考えるのだろうか。そこまで一面的な史観で歴史教科書の検定を行われては、教科書を使う生徒たちにとってても、たまったものではない。

事例 72

日中戦争の始まりと上海事変 停戦協定を破り戦争を拡大した犯人を隠したいのか！

323

日中戦争の始まり

日本軍は満州国南部の安全と資源確保のため、満州に隣接する華北地方に親日の地方政権をつくりました。こうして中国側との対立が強まるなか、1937（昭和12）年7月7日夜、北京郊外の盧溝橋で演習していた日本軍に向けて何者かが発砲する事件がおき、翌日には中国軍と戦闘状態になりました（**盧溝橋事件**）。現地の日本軍にも中国軍にも戦闘拡大の意図はなく、４日後に現地で停戦協定が結ばれました。しかし、その後も中国側から日本人への襲撃や軍事挑発が続き、紛争は解決しませんでした。❶

日本は国民党政権との和平を強く望んでいたので、８月５日、「船津工作」とよばれる和平案を提案しました。しかし、その１回目の交渉が行われた８月９日、各国の租界がある上海で、２人の日本の海軍軍人が惨殺される事件が起こりました。これによって、船津工作は立ち消えになりました。

８月13日、蒋介石率いる国民党軍の大軍が、日本人居住区を守っていた海軍陸戦隊を攻撃し、戦闘が始まりました（**上海事変**）。日本は陸軍の増援部隊を派遣しましたが、中国軍の精鋭部隊に苦戦を強いられ11月までに４万人の死傷者を出しました。

こののち８年間続いた戦争を**日中戦争**（日本政府の当時の呼称は、**支那事変**）といいます。日本軍は国民政府の首都の南京を落とせば蒋介石は降伏すると考え、12月に南京を占領しました。しかし、蒋介石は奥地の重慶に首都を移し、抗戦を続けました。

［指摘事項］教科書 P232-233

【指摘事由】

生徒が誤解するおそれがある表現である。

（第二次上海事変および日中戦争の実態）

「日中戦争の始まりと第二次上海事変との関係や実態について誤解するおそれがある」と調査官はいうのだが、始まりと上海事件との「関係」についてみてみよう。

盧溝橋（ろこうきょう）事件の後、現地停戦協定が結ばれたが、その後も中国側からの軍事挑発が続いた。日本は、「船津（ふなつ）工作」とよばれる和平案を提案したが、1回目の交渉が行われた8月9日に上海の租界で海軍陸戦隊の軍人が殺害された。世界25か国で発売されたユン・チアンの『マオ』によれば、これは隠れ共産党員であった南京上海防衛司令官の張治中（ちょうじちゅう）が和平を妨害するために、殺害を命令したものであるという。つまり、和平の妨害者は、盧溝橋事件後の現地停戦協定を破っていた共産党であるということだ。

こうして日中戦争は始まり、上海事変へと進んでいく。本書の記述でここまで詳しくは書いていないが、基本的な流れとしては、きわめて事実に沿った適切なものである。生徒は、このことをよく理解するであろう。間違っても日本が、盧溝橋から上海へ一方的に戦争を拡大したなどと誤解することはないだろう。つぎに「実態」であるが、盧溝橋事件についても、船津和平工作にしても、船津和平工作が立ち消えになったことについても実態が正確に述べられている。どこがおかしいというのか。ぜひそれを指摘し、実態はこうだと、一般の人が分かるように説明する義務がある。

上海事変について、【8月13日、蔣介石（しょうかいせき）率いる国民党軍の大軍が、日本人居住区を守る海軍陸戦隊を攻撃し、戦闘が始まりました（上海事変）】はその通りで、文句のつけようはないだろう。ただし、この戦闘は蔣介石側が、合法的に駐留していた日本の４５００人の海軍陸戦隊に対して、非武装地帯に指定されていた地区に集結した約３万人の精鋭部隊が一方的に攻撃してきたものであることを十分に確認しておかなければならない。実態はどういうものだったのか、よく分かる当時の新聞記事を引用する。ニューヨークタイムズが、どのような報道をしていたかをぜひ知っていただきたい。

▼ニューヨークタイムズ　１９３７年8月31日付　レット・アーベント記者

外国人は日本を支持

上海における軍事衝突を回避する試みにより、ここで開催された様々の会議に参加した多くの外国政府の代表や外国の正式なオブザーバーたちは皆、以下の点に同意するだろう。日本は敵の挑発の下で最大限の忍耐を示した。日本軍は居留民の生命財産を多少危険にさらしても、増援部隊を上陸後数日の間、兵営の中から一歩も外に出さなかったのである。8月13日以前に上海で開催された会議に参加したある外国使節はこうみている。

「7月初めに北京近郊で始まった紛争の責任が誰にあるのか、ということに関しては意見が分かれるかもしれない。しかし、上海の戦闘状態に関する限り、証拠が示している事実は一つしかない。日本軍は上海では戦闘の繰り返しを望んでおらず、我慢と忍耐力を示し、事態の悪化を防ぐために出来る限りのことをした。だが日本軍は中国軍によって文字通り衝突へと無理やり追い込まれてしまったのである。中国軍は外国人の居住している地域と外国の権益を、この衝突の中に巻き込もうとする意図が有るかのように思えた」

事例 73

大東亜会議に出席した中華民国政府代表汪兆銘政権は「裏切り者」と書けというのか

342

【指摘事由】

生徒にとって理解し難い表現である。
（重慶政府との関係）

指摘されたのは、第５章の第82単元「大東亜会議とアジア諸国」の中で掲載した写真のキャプションである。写真は日本の東条英機首相を中心に計７か国・政府の代表が前列に並んでいる。クレームは汪兆銘の「中華民国南京政府（南京に設立された日本に協力的な政府）」という表現であり、重慶にあった蒋介石の国民党政府との関係が理解し難いというのである。だがその前の第78単元「日中戦争（支那事変）」では「日中戦争への経過」という表の中で、「日本軍が国民政府の首都・南京を占領→国民政府、

❶大東亜会議の出席者たち　1943年11月、国会議事堂前での記念撮影。中央の東条英機首相をはさみ、最前列の左からビルマ（現ミャンマー）、満州国、中華民国南京政府（南京に設立された日本に協力的な政府）、タイ、フィリピン、自由インド仮政府の各代表。日本は1943年、ビルマ、フィリピンを独立させ、自由インド仮政府（大東亜会議に出席）を承認しました。1945年には、ベトナム、カンボジア、ラオスの独立を実現させました。

［指摘事項］教科書 P240

重慶に移動」と明記している。

生徒たちはこうした事実を学んだ上で、大東亜会議の写真を見るのだから、「重慶政府が抜けた南京に別の親日政府ができたのだな」と容易に理解できるのである。また、大東亜会議の主眼点は日本が緒戦で欧米諸国の支配から解放したビルマやフィリピン、それに英国と闘っているインドの代表らが参加したことであり、南京政府は副次的であり、その経緯を詳しく書く必要もない。

それより、調査官らが言いたいことは、重慶政府を裏切って日本についた汪兆銘の南京政府は「ケシカラン存在」であることを教科書に明記すべきだということのようだ。そうであるなら、親日であったことを悪と決め付ける態度だ。自虐史観ここに極まれり、である。

事例 74

「中国でも多くの死傷者が出た」経緯？日本軍の悪逆非道を書けと暗示

355

大東亜戦争（だいとうあせんそう）で日本は独自の経済圏を目指しました。このため戦争が始まると、石油などの資源を得るため、東南アジアに軍を進めました。当時アジアの国々はイギリス、オランダ、フランス、アメリカなど欧米諸国の植民地にされ、苦しんでいました。そのため戦争初期の日本軍のめざましい勝利は、アジアの人々に独立への希望を抱かせました。

しかし日本軍が進軍した東南アジアでは激しい戦闘が行われ、現地の人々に多大な犠牲を強いることにもなりました。とくにアメリカの統治下にあったフィリピンでは日本軍とアメリカ軍との激戦となり、その戦闘に巻き込まれ、多くの人が命を落としました。また中国でも、多くの死傷者が出ました。

［指摘事項］教科書 P248

［指摘事由］

生徒にとって理解し難い表現である。（中国で多くの死傷者が出た経緯）

中国で「多くの死者」が出た経緯が理解しがたい、という。しかし、ここでは戦争が行われて死者が出たことを包括的に述べただけの文章で、中国でも多くの死者が出たと述べただけである。あえて言えば、日本と中国の戦いで多くの犠牲者が出た原因は、日中双方の思惑と中国利権を確保したい欧米諸国の思惑で日本と中国・蔣介石（しょうかいせき）政権の間で早期停戦が出来なかったことであろう。

東京書籍版中学教科書には各国の戦争犠牲者の表の記載がある。東南アジアで多くの犠牲者が出た理由については、２２７ページ、11～12行目で【日本軍は、抗日的とみなした人々を激しく弾圧し、多くの犠牲者が出ました】と記述がある。しかし中国については各国の犠牲者数の表の数値のみで大きな犠牲者が出たとの記述もなければ、その原因についての言及もない。育鵬社現行版中学歴史教科書には個別の国の犠牲者総数は出ていない。

さらに自由社現行版でも２４６ページ左16～17行目に【中国でも、日本軍によって、多くの犠牲者が出ました】という記述のみで、検定本２４８ページ左13行目の【中国でも、多くの犠牲者が出ました】とほぼ同じ記述で、犠牲者の出た詳細な理由は書かれていない。ことさら断らなくても日本と戦争となったために犠牲者が出たのは自明のことである。結局、南京大虐殺などの虚構の事実を出して、日本軍悪逆非道説を書かせようという魂胆であるのはミエミエだ。

事例 75

通州事件は計画されていた事件だったか 中国の資料を無視する不勉強な教科書調査官

325

⑥通州事件

北京（ペキン）東方の城壁都市・通州には親日的な地方政権がありました。1937（昭和12）年7月29日、日本の駐屯軍（ちゅうとんぐん）不在の間に、その政権の中国人部隊（保安隊）が反乱を起こしました。青竜刀（せいりゅうとう）と銃剣で武装した3000人の兵士が、何の罪もない日本人居留民（きょりゅうみん）を、残虐（ざんぎゃく）な方法で殺害しました。日本人居留民421人のうち子供や女性を含む225人が犠牲となりました。あるアメリカ人ジャーナリストは、「古代から現代までを見渡して最悪の集団殺人として歴史に記録されるだろう」と書きました。これを通州事件といいます。通州事件は、2年も前から計画されていました。その目的は、日本人を怒らせ、戦争に引きずり込むことでした。しかし、これだけの仕打ちを受けながら、日本はその被害を効果的に世界に訴えることをしませんでした。

［指摘事項］教科書 P233

［指摘事由］

生徒が誤解するおそれのある表現である。

（断定的に過ぎる）

事例 76

被害を訴えなかったことと親日政権との関係？ それは無関係であり無意味な質問である

326

［指摘事由］

生徒にとって理解し難い表現である。

（同囲み中の「北京東方の城壁都市・通州には親日的な地方政権がありました」との関係が理解し難い）

まず、事例89。１９８７年に中国人民大学出版社から出版された『盧溝橋（ろこうきょう）事件風雲篇』（武月星他著）という文献がある。人民大学出版部から出ている、いわば中国で公式に認められている記録だ。この７章に「冀東保安隊蜂起」という節がある。ここには、1935年11月に、冀東保安隊の第１、第２総隊長となる張慶余、張硯田が河北省の実力者商震から面従腹背で時を待てと指示される。さらに二人は宋哲元からよく準備をするようにと直接指令され、１万元を与えられたと記されている。断定しているのは、本場の中国の学者である。日本の学説状況はこんな資料も取り入れない遅れたものなのだ。

次に事例90である。日本が効果的に世界に訴えなかったことは事実だ。アメリカ人ジャーナリスト、フレデリック・ヴィンセント・ウィリアムズは通州事件を「古代から現代までを見渡して最悪の集団屠殺」とし、「世界はこれらの非道行為を知らない。もし他の国でこういうことが起きれば、そのニュースは世界中に広まって、その恐ろしさに縮み上がるだろう。そして殺された人々の国は直ちに行動を起こすだろう。しかし日本人は宣伝が下手である」と日本人のために切歯扼腕している。その宣伝下手と、冀東自治政府が親日政権だったこととは関係がなく無意味な指摘だ。保安隊にもぐり込んだ反日分子が裏切っただけだからだ。宣伝下手は日本人の体質である。

事例77

283 韓国併合の記述は生徒に誤解を与えるか「併合は順調」という面を認めたくないのか

［指摘事由］

生徒が誤解するおそれのある表現である。

（韓国併合の実態）

指摘は韓国（日韓）併合についての本文記述に対するものである。自由社教科書の併合の見方を真っ向否定するもので、自由社側の反論に対する認否書では「多少の抵抗はあっても順調に併合が進んだと誤解するおそれがある」としている。つまり併合は順調ではなかったとの考えを押し付けるものだが、これについて再反論したい。

併合は決して日本側が最初から望んだものではなかった。19世紀末から20世紀初頭にかけて、列強の東亜進出を目の当たり（ま）にした日本人の多くは、韓国と力を合わせてこれに対抗しようと考えていた。日清戦争を戦ったのも、韓国を清国の頸木から解き放つためだった。しかし韓国が自ら近代国家に脱皮することはなく、それどころか国王高宗は近代化による権力弱体化を嫌い、ロシアに接近していた。日露戦争でも高宗は中立を宣言しながら裏でロシアに密使を送っていた。

日露戦争後もロシアの南下政策に変わりはなく、高宗がいつまたロシアに寝返って日本を脅かすかもしれない。それを防ぐには韓国を保護国とするしかなかった。当時、発展途上国を先進国が保護国として支援することは、世界の流れでもあった。

韓国併合

日本の安全と満州の権益を防衛するためには、韓国の安定が必要でした。そのため、日露戦争後、日本は韓国統監府を置いて保護国とし、韓国の近代化を進めました。さらに韓国との合邦化が模索されました。

韓国国内には日本と合邦化することを望む勢力と反対する勢力がありました。1910（明治43）年、日本は、親日派の勢力を背景に日韓議定書を結び、**韓国併合**を断行しました。韓国の国内では、民族の独立を失ったとして抵抗する人もいました。

韓国併合ののち、日本は**朝鮮総督府**を置き、朝鮮の鉄道・灌漑施設をつくるなどの開発を行い、土地の所有権者を明らかにする土地調査を実施しました。また、学校を開設し、ハングルを教育に導入するとともに、日本語教育を始めました。

［指摘事項］教科書 P198

しかし日本の支援にもかかわらず、韓国の近代化は遅々として進まなかった。李朝500年間で続いた身分制度を韓国人自らが破壊することは不可能だった。近代化を達成するには、もはや日本と合邦するしかないとの認識が韓国内でも高まり、当時最大の政治団体であった一進会の李容九は1909年に会員100万人の名前で合邦声明書を発表している。

朝鮮半島の近代化には莫大な資金が必要である。しかし日本の安全を盤石にするため「日韓併合やむなし」の声が日本国内でも高まり、両国は1910年、国際法や国内法に基づき併合した。両国にとって生き残るためのやむを得ない「マイナスの選択」だった。併合直後、近代化に伴い既得権益を失った人々が各地で反乱を起こしたのは事実だが、社会変革に伴う「生みの苦しみ」と理解すべきだろう。

併合後、朝鮮半島は急速な近代化を遂げた。北朝鮮地域は世界有数の工業地帯となり、コメの生産も倍増した。先進医療の導入で平均寿命は25歳から50歳近くにまで延びた。小学校数は100校から5000校に増え、高等教育も充実し韓国を支える人物を輩出した。併合が順調に進んだことは事実であり、そうした面も記述した自由社の教科書に「生徒に誤解を与える」ことは決してない。

事例 78

戦争末期の朝鮮・台湾の人々の労働実態「徴用工史観」を押し付けたい願望

348

戦争末期には朝鮮・台湾の人々にも徴兵や徴用が適用され、また日本の鉱山などで日本人とともに働きました。

空襲の被害

1944（昭和 19）年には戦局は日本にますます不利となり、劣勢に立った日本軍は、飛行機や潜航艇で敵艦に死を覚悟して体当たり攻撃を行う特別攻撃（特攻）を行いました。

戦争末期には、国民は直接、戦火にさらされることになりました。1944 年７月、日本の委任統治領だったマリアナ諸島の一つのサイパン島が陥落しました。ここから日本本土を空襲できるようになったアメリカ軍は、同年末から爆撃機Ｂ 29 による民間人への無差別爆撃を開始しました。子供たちは危険をさけ、親元をはなれて地方の寺などに疎開しました（**学童疎開**）。

1945（昭和 20）年３月 10 日には、**東京大空襲**で一夜にして約 10 万人の市民が命を失いました。その後も 200 の主要都市が空襲され、約 50 万人の国民が命を落としました。

［指摘事項］教科書 P243

［指摘事由］

生徒が誤解するおそれのある表現である。
（戦争末期における朝鮮・台湾の人々の労働の実態）

教科書調査官には「戦争末期において朝鮮人や台湾人が意思に反して徴用され虐待された」という左翼学者の一方的歴史観を子供に植え付ける意図が

あるのだろう。しかし教科書の内容は事実をありのまま公正に書くべきであり、自由社教科書は史実を過不足なく忠実に記述している。

徴用工は決して強制的に連行され、虐待されたわけではない。日韓併合期においては朝鮮人や台湾人は日本国民であり、国民の義務として彼らを日本人同様に徴用したことは国内法及び国際法に照らしても全く違法ではない。戦時における「徴用」は、労働問題を律するＩＬＯ強制労働条約（日本は１９３２年11月に批准）にも抵触しない。

彼らの職場での実態については、軍艦島元島民などの多くの証言や一次資料が残っている。韓国人学者たちが２０１９年７月に刊行した『反日種族主義』もその一つであり、これによれば日本企業には民族差別的賃金体系は存在せず、賃金は平等に支払われていた。炭坑では危険な仕事を朝鮮人単独で行うことはなく、必ず熟練した日本人鉱夫と組んで作業した。

当時、朝鮮人や台湾人には行動の自由もあり日本人とも友好的に交流していたことはあらゆる記録や証言からも明らかである。神奈川県下の高座海軍工廠に技師として集まった８千人を超える台湾人青少年は、３年間の教育で帰国後台湾の工業化推進の中核を担っており、戦後も日本との温かい交流が続いている。

事例 79

ハングルは李氏朝鮮時代も普及していたの？ 普及したのは日本統治時代

286

【指摘事由】

生徒が誤解するおそれのある表現である。（ハングル普及の程度）

「李氏朝鮮時代は普及していなかったハングル」という歴史的事実を自由社教科書は記載している。しかし文科省は「指摘箇所は一面的記述である」としてこれを否定した。この文科省見解は明らかに間違いである。以下その理由を述べる。

①李氏朝鮮時代にはハングルは諺文（漢字より劣る文字）として忌み嫌われ、日清戦争により清から独立するまでは公文書では一切使用されていない。

②李氏朝鮮時代にハングルが小説などで一部使用されていたことは事実だが、文字や

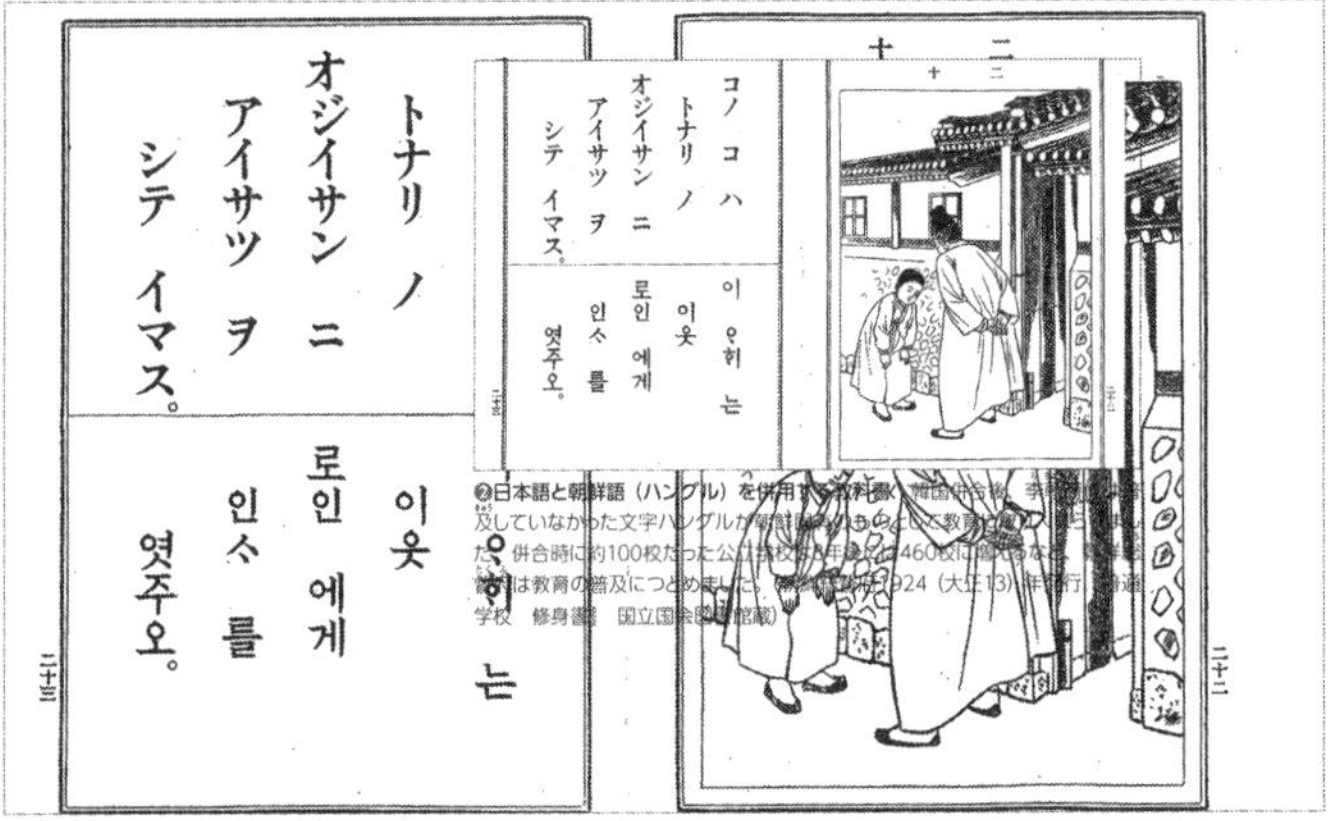

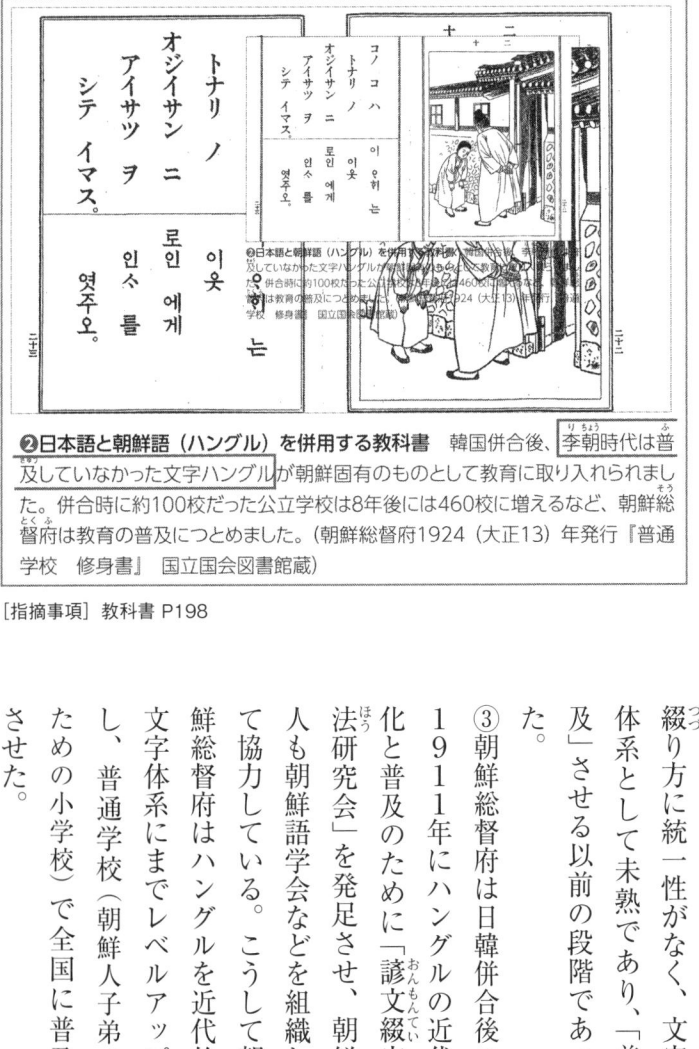

❷日本語と朝鮮語（ハングル）を併用する教科書　韓国併合後、李朝時代は普及していなかった文字ハングルが朝鮮固有のものとして教育に取り入れられました。併合時に約100校だった公立学校は8年後には460校に増えるなど、朝鮮総督府は教育の普及につとめました。（朝鮮総督府1924（大正13）年発行『普通学校　修身書』　国立国会図書館蔵）

［指摘事項］教科書 P198

綴り方に統一性がなく、文字体系として未熟であり、「普及」させる以前の段階であった。

③朝鮮総督府は日韓併合後の1911年にハングルの近代化と普及のために「諺文綴字法研究会」を発足させ、朝鮮人も朝鮮語学会などを組織して協力している。こうして朝鮮総督府はハングルを近代的文字体系にまでレベルアップし、普通学校（朝鮮人子弟のための小学校）で全国に普及させた。

④朝鮮総督府は１９２０年に朝鮮で最初の本格的朝鮮語辞典を刊行している。ハングル及び朝鮮語を科学的に体系化した中心人物は金沢庄三郎と小倉進平であり、小倉はその功績により１９４３年に朝鮮総督府より朝鮮文化功労章を受章している。

⑤韓国の小学校教科書によれば朝鮮語学会が組織されたのは３・１運動（１９１９年）以後であり、教科書は「（３・１運動以降）新聞社や出版社もハングル普及運動を積極的に支援した」と記述している（『わかりやすい韓国の歴史―国定韓国小学校社会科教科書』明石書店）。そんなことからもハングルが普及したのは日本統治時代であることが明らかである。

以上の事実から、自由社の記述は全く正しく、文科省見解は誤りである。

■8

共産主義批判を許さない思想偏向
歴史的犯罪事実の隠蔽に奔走

事例80

マルクス主義がもたらした悲惨な結果 肯定面を言いたいなら収容所を経験しろ

233

［指摘事由］

生徒にとって理解しがたい表現である。
（19世紀から20世紀にかけてマルクス主義がもたらした結果について、一面的に過ぎる）

検定意見には「19世紀から20世紀にかけてマルクス主義がもたらした結果について、一面的に過ぎる」とある。まるでマルクス主義の肯定面をもっと評価せよと言わんばかりだが、マルクス主義が莫大な犠牲をもたらしたことは歴史的に明らかである。

資本主義社会の問題点を指摘し、搾取されている労働者の解放を求めたマルクス主義の理想には一定の価値があった。だからこそ、世界の労働運動や革命運動に大きなマルクスが活動した19世紀中頃の初期の資本主義が労働者への過酷な扱いをしたことは確かですが、19世紀の後半には生産力が増大したことや、労働運動の成果もあって、労働者の生活は改善されました。それでも、マルクスの理論と思想は、マルクス主義として19世紀から20世紀にかけて広い影響力を持ちました。しかし、それは理想とは逆の悲惨な結果をもたらしました。

［指摘事項］教科書 P153

影響を与えたのだ。しかし、理想社会の実現のためには暴力革命をも辞さず、人間を所属する階級によって敵味方に峻別するマルクス主義者の発想は、20世紀に誕生した共産主義諸国において、ソ連のスターリン体制による政治犯収容所、中国の毛沢東体制による文化大革命、カンボジアのポルポト政権による大虐殺などを引き起こした。犠牲者数は、ソ連で約2000万人、中国で6500万人、全世界では合わせて1億人を数えるとされる（『共産主義黒書』ステファヌ・クルトワ編）。この事実を【理想とは逆の悲惨な結果をもたらしました】と教えることの、どこが「理解し難い」のだろうか。そして今も北朝鮮や中国では、この犠牲者数は増え続けているのだ。調査官がマルクス主義の肯定面にこだわるならば、一度中国や北朝鮮の収容所に入ってから言っていただきたい。

事例 81

コミンテルンの性質を誤解させる？武装蜂起・暴力革命・軍隊的規律は不変

310

［指摘事由］

生徒が誤解するおそれのある表現である（コミンテルンの性質）

レーニンはロシア革命によって誕生したソ連を防衛するためにも、世界、特にヨーロッパで次々と共産主義革命を実現させることが必要だと確信し、コミンテルン（第三インターナショナル）という共産主義者による国際組織を１９１９年３月にモスクワで結成し、30か国52名の代表が参加した。このコミン

1コミンテルン（Comintern）共産主義インターナショナル Communist Internationalの略称で共産主義者の国際組織。レーニンは1919年3月、30ヵ国の代表をモスクワに集めて第1回大会を開きました。モスクワの中央の指令には絶対的に従う軍隊組織と同じ原則で運営され、世界中の共産化を目指して破壊活動を行いました。43年5月、ソ連が戦争で英米などと協力する手前、名目的に解散しました。

［指摘事項］教科書 P226

テルン第一回大会の招待状には、明確にこの組織の目的が記されている。「現在の時期は、資本主義体制全体の解体と崩壊の時期で」あり「プロレタリアートによる世界共産化の出発の時期なのだ」「ブルジョアジーの国家機構を破壊し、プロレタリア独裁を確立するための新たな司令塔である」

さらにコミンテルンは、加入組織は、合法的組織と同時に非合法的組織を有すること、また強力な中央集権と、軍事的な規律を持つことを課し、テロや暴力革命を正当化するとともに、ソ連への忠誠を誓わせていた。日本共産党、中国共産党の結成などもコミンテルンの指導によるものである。コミンテルンは情勢によって戦術を変化させることはあっても、非合法組織による武装蜂起、暴力革命への志向、党組織の軍隊的規律といった原則は否定されたことはない。同時に、スターリン時代の粛清はそのままコミンテルン内部にも持ち込まれ、少しでもソ連の方針に反すると判断されたメンバーは直ちに粛清されていった。

1943年、スターリンはコミンテルンを解散させる。しかし、その後も各国の共産党や左翼組織とソ連との関係は続いた。このようなコミンテルンの性質は、20世紀の歴史を理解するための重要な基礎知識として教えられるべきである。

事例 82

コミンテルンの活動内容「スパイとテロによる破壊活動」は事実

364

［指摘事由］

生徒が誤解するおそれのある表現である。（コミンテルンの活動内容）

レーニンにより結成されたコミンテルンは、まず、ヨーロッパにおける共産主義革命を目指した。

１９１９年に始まったソ連・ポーランド戦争において、レーニンはポーランドに革命を引き起こそうと無謀な攻撃を行い敗北する。また、同年のハンガリーでも、コミンテルンの指導下でハンガリー共産党のクン・ベラが政権を奪取、反対派を処刑する恐怖のテロ支配を行うが、国民の反発を買い革命は失敗する。

下の<まとめ図>を見ながら、お兄さんと弟が対話をしています。

第一次世界大戦のさなか、ロシアで革命がおこり、ここから世界史の流れは一変したんだね。レーニンは世界に革命を広げるためにコミンテルンを組織し、各国でスパイとテロによる破壊活動を始めたんだ。

［指摘事項］教科書 P254

ドイツにおいては、コミンテルンは統一ドイツ共産党を結成、1921年、1923年と2回にわたり蜂起（ほうき）と暴力革命を試み、いずれも失敗に終わった。1923年にはブルガリアでも共産主義者の蜂起が失敗、その後はテロ活動が続いた。

アジアにおいても、コミンテルンの指示により中国共産党が1921年に結成、有力メンバーが国民党内に組織的に潜入して工作活動を行い、国共合作を一時成功させる。

また、1922年には日本共産党が結成され、天皇制廃止、軍隊の廃止、労働者の武装などがコミンテルンからの指令として与えられている。これは草稿のままにおわり組織決定はされなかったが、当時の日本国の政体を根本的に否定するものであった。

レーニンは1924年に病死するが、この時期のコミンテルンが、各国の内政に干渉し、スパイ活動やテロ行為を行ってきたことは事実である。

事例 83

北伐途上南京での暴虐と共産党とは無関係？ 共産党の暴虐の資料を無視する教科書調査官

316

③コミンテルンの世界戦略と中国

コミンテルンはいち早く中国共産党をつくり、革命運動を強力に指導しました。蒋介石は北伐の途上にあった1926年に、モスクワが指示した次の秘密文書を入手しました。

「あらゆる方法を用いて、国民大衆による外国人排斥を引き起こさなければならない。この目的達成のためには、各国と大衆とを武力衝突させなければならない。これによって各国の干渉を引き起こすことができたならば、さらに方法を選ばず、それを貫徹すべきである。たとえ、略奪や多数の惨殺をもたらすものであってもかまわない」

北伐の国民革命軍に潜り込んだ共産党員は、1927年、南京で日本を含む各国の大使館を襲い、略奪、暴行、殺人の限りを尽くしました。

共産党は、国民党を弱体化させるために日本軍と戦うようにしむけました。これが共産党が政権をとるための大方針でした。

［指摘事項］教科書 P228

【指摘事由】

生徒が誤解するおそれのある表現である。

（断定的に過ぎる）

断定的というが、北伐軍の南京における暴行、略奪、殺人については、詳しい資料があり、ここに書かれた通りであることが判明している。たとえば、中支被害者連合会『南京漢口事件真相　揚子江流域邦人遭難実記』（１９２７年）に詳しい。おそらくは、教科書調査官は「国民革命軍に潜り込んだ共産党員」というところにクレームをつけたいのであろう。しかし、前記遭難者の資料でも「共産党の計画的暴挙」であったと書かれている。断定しているのは当時の資料である。蔣介石がどう言っているかというと、「この事件はあえて外国の干渉を誘って蔣介石を倒す中国共産党の計画的策謀で、事件のかげにはソ連の顧問ミハイル・ボロディンがいる。ボロディンの指示で共産党員の第2軍、第6軍政治主任を通じて軍長の程潜を操った」（『蔣介石秘録』）

南京事件の北京への波及を恐れた列強は、南京事件の背後に共産党とソ連の策動があるとして、日米英仏など7か国外交団が厳重かつしかるべき措置をとることを安国軍司令部に勧告した。4月6日、張作霖によりソ連大使館を目的とした各国公使館区域の捜索が行われた。押収した極秘文書に外国の干渉を招くための略奪・惨殺などを実行する指令がソ連共産党からあったことが、総司令部により発表された。調査官は、提出された資料からは、指摘箇所のような記述は構成できない、というが、全く無理なく構成できる。むしろ、できないという証明をしてみよと言いたい。

事例 84

戦争の原因がスターリンの策謀のみと誤解する？「３行の感想にすべての原因を書け」とは！

365

［指摘事由］

生徒が誤解するおそれのある表現である。

（日中戦争・太平洋戦争の原因と経過）

「日中戦争と太平洋戦争に日本が突入した原因がスターリンの策動のみであるかのように誤解するおそれがある」と調査官は批判する。

もし、この二つの戦争の原因を総括した文章であるなら、このような批判は成り立つ。しかし、ここでは二つの全体主義の流れのまとめ図を見ながら、兄と弟が対話する、いわば感想を述べあっているところである。このような場合、印象の強いことが感想として語られることになるのは極めて自然である。当然のことながらその場合、

日本が満州国を建国したのは、ソ連の共産主義への防波堤の意味もあったんだ。**これに脅威を感じたスターリンは中国に反日活動をけしかけ、日本を挑発して日中戦争に引きずり込むことに成功したんだね。同様に、日本はアメリカとの戦争にも引きずり込まれたわけだ。**

［指摘事項］教科書 P254

全体をカバーするものになることは難しい。しかも極めて限られたスペースである。

たった3行の文章であるから、印象の強いことが述べられるのは当然であるうえに、「これが原因のすべて」などとは全く言っていない。生徒は、それまでの本文を読んでいるのであるから、これだけが原因などという「誤解」をすることはまずないであろう。そんなふうに考えるのは生徒をあまりにも馬鹿にしている。

なお、ついでに言っておきたいのは、その次の次の兄の吹き出しの言葉は次のように締めくくられている。

【……歴史はいろいろな角度から見なければならないね】こういう感想の一部として、出てきている言葉だということである。

調査官はこういう全体的な構成を見ずに局部だけを取り上げ、たった3行の文章に「全ての原因が入っていない」という理不尽な要求をし、「不可」としたのだ。

事例 85

日中の和平はなぜ実現しなかったのか　コミンテルンの策動こそが「決定的な」理由だ！

324

［指摘事由］

生徒が誤解するおそれのある表現である。
（日中間の和平が実現しなかった原因として一面的である）

　１９３５年のコミンテルン世界大会が各国共産党に他党派と協力する「反ファシズム統一戦線」戦術を打ち出したことにより、中国共産党が国民党との内戦をやめ、日本を敵とする抗日戦争を国民党に呼びかけるようになったことは間違いのない事実である。

　西安で蔣介石（しょうかいせき）を虜（とりこ）にして国共共同で対日戦に取り組むことを約束させたのはその具体化の第一歩であった。

② 日本と中国はなぜ和平を実現できなかったのか

日本は中国と戦争をすることなど望んではいませんでした。それにも関わらず中国との和平が実現しなかったのはなぜでしょうか。

1935年、コミンテルンは第7回世界大会を開き、各国の共産党が他の党派を排撃する活動に重点を置いていたのを改め、「ファシズム勢力」以外の党派と協力する新たな方針を打ち出しました。（資料❸の㋐）

この方針に従って、中国では、さっそく中国共産党が声明を出し、国民党との内戦をやめ、日本を敵とする抗日戦争を手を結んで戦うことを呼びかけました。（㋑）日本を挑発して蔣介石との戦争に引きずり込むことは、ソ連にとって、①自国への日本の脅威をそらし、②中国共産党が消滅の危機を脱し、③対日戦がおわれば国民党も疲弊して共産党の政権奪取の見通しが開ける、という三重の利点がありました。

盧溝橋事件（㋒）以後、日本への挑発事件が続発した（㋓）のは、何としてでも日本を戦争に引きずり込むコミンテルンの方針と工作がありました。しかも、その工作は日本政府の内部にまで入り込んでいたことがのちにわかりました。➡p.235

［指摘事項］教科書 P232

盧溝橋（ろこうきょう）事件は蔣介石に日本との戦いを催促するため、共産党が第29軍に潜り込ませた共産党員によって起こされたことは今や疑う余地がない。現在の共産党の文献にも、第29軍の副参謀長の張克俠（ちょうこっきょう）をはじめ多くの潜入共産党員の氏名が記されている。

7月7日の事件勃発（ぼっぱつ）の4日後の11日には、現地停戦協定が結ばれ、その第1項で、「第29軍代表は日本軍に遺憾の意を表し、かつ責任者を処分し、将来責任を以（もっ）てかくのごとき事件の惹起（じゃっき）を防止することを声明す」と自らの責任を認め、和平の意思を明確に示している。

ところが、その後停戦違反が続発し、廊坊事件、広安門事件といった大規模な停戦違反攻撃が起こり、日本はついに開戦通告をすることになる。

停戦違反事件が、コミンテルンの策動に基づくものであるというのは根拠がある。盧溝橋事件の後、コミンテルンから次のような指令が出ているのである（興亜院政務部「コミンテルン並に蘇聯邦の対支政策に関する基本資料」）。

（1）あくまで局地解決を避け、日中全面衝突に導かねばならない。

（2）右目的貫徹のためあらゆる手段を利用すべく、局地解決や日本への譲歩によって中国の解放を裏切る要人は抹殺してもよい。

（3）下層民衆階級に工作し、彼らに行動を起こさせ、国民政府をして戦争開始のやむなきに立ち至らせねばならない。

（4）党は対日ボイコットを全中国に拡大し、日本を援助する第三国に対してはボイコットを以って威嚇せよ。

（5）略

（6）党は国民政府軍下級幹部、下士官、兵並びに大衆を獲得し、国民党を凌駕する党勢に達しなければならない。

教科書調査官は、「日本と中国がなぜ和平を実現できなかったかについて、原因がコミンテルンの策動のみであるかのように誤解するおそれがある」といっているが、上述したように和平が実現しない主たる理由がコミンテルンの策動にあることは明らかではないか。

11日に締結された現地停戦協定を見れば、第29軍は、「将来このような事件を起こさないようにする」と和平の意思を示し、日本側は、もともと仕掛けられた攻撃であったので、この協定を歓迎し、順守していた。そもそも日本の支那駐屯軍はわずか6500人で、北支の第29軍だけでも15万を数える大軍を相手に戦争を仕掛ける意味も理由もなかった。

ところが、この両者と異なる意思と狙いを持つ強力な存在があった。それがコミンテルンとその指令を受ける中国共産党である。

コミンテルンが反ファシズム方針を出す前は、中国共産党の主敵は国民党であり、江西省瑞金（ずいきん）を首都とする中華ソビエト共和国を樹立していた。蔣介石率いる国民党軍の再三の攻撃で、瑞金は陥落し、共産党は延安（えんあん）に逃げ延びる。さらに蔣介石は、その延安を包囲殲滅（せんめつ）しようとして、現地督戦のために西安に赴（おもむ）いたのである。

そこで囚(とら)われの身となり、共産党への攻撃停止、共同抗日戦を約束させられたのである。つまり、日本との戦争方針は、まさしくコミンテルン、あるいはその配下の中国共産党によってもたらされたものであり、盧溝橋事件後の和平が実現しなかったのは、「コミンテルンの策動」こそがその主原因であった。

そのように生徒が理解することこそ、和平実現を妨(さまた)げたものが何であったかを正しく理解することになる。

教科書調査官はこうした歴史的事実を知らないでか、あるいは知っていて無視しているかのようである。まるでコミンテルン、あるいは共産党の弁護者であるかのようである。

個人的にはそうであってもかまわないが、公正・中立であるべき教科書検定にそのような私的な見方を持ち込むのは公務員の倫理規定違反である。もっと言えば、犯罪になりかねない。

事例86

中華人民共和国は「共産党政権」ではない？ 木を見て森を見ない揚げ足取り検定

369

［指摘事由］

生徒が誤解するおそれのある表現である。
（成立時の中華人民共和国の性格）

中華人民共和国成立時、中国人民政治協商会議に参加していたお飾りの政党（というより政治勢力）があったことは事実だ。当時毛沢東は「新民主主義論」を唱えていて、左翼勢力である限り一定の政治勢力の存在を認めていた。

しかし、中華人民共和国の建国は、あくまで毛沢東と中国共産党が、蔣介石（しょうかいせき）国民党政権を軍事的に破って追放したのち、１９４９年10月１日、毛沢東の名において建国宣言を行って成立したものだ。これを「中国共産党政権」と呼んでおかしい理由は何

年	アメリカ中心の自由主義陣営	ソ連中心の共産主義陣営
1945	国際連合成立	
1946	チャーチル（英）「鉄のカーテン」演説でソ連圏の閉鎖性を批判	ソ連が東欧を占領
1947	トルーマン（米）共産主義封じ込め政策発表　日本の占領政策転換	ヨーロッパ各国共産党の連絡機関としてコミンフォルム結成
1948		ベルリン封鎖（ソ）
1949	北大西洋条約機構（NATO）成立	中華人民共和国（共産党政権）成立
1950	朝鮮戦争おこる（北朝鮮軍の軍事侵入）	
1955		ワルシャワ条約機構（WTO）成立
1956		スターリン批判（ソ）
1957		初の人工衛星打ち上げに成功（ソ）
1960	日米安保条約改定	
1961		ベルリンの壁設置
1962	キューバ危機	
1965~75	ベトナム戦争	
1966		文化大革命始まる（中）
1972	ニクソン（米）中国訪問	
1976		ベトナム社会主義共和国成立
1979		アフガニスタン侵攻（ソ）

❶冷戦の経過

［指摘事項］教科書 P264

もない。

　このようなカムラージュは共産党のお得意の手である。そもそも統一戦線戦術自体が、他党派をうまく取り込んで権力奪取の後には切り捨てる作戦のことなのだ。

　実際、毛沢東は建国後、１９５３年までに反革命派とみなした勢力を数十万人殺害し、百数十万人を逮捕拘束したといわれる。54年には「新民主主義論」自体が放棄される。だから、検定意見のようなことを言い出せば、ことは中国に留まらない。ロシア革命も「連立政権」になってしまう。ソ連ではレーニンと彼の率いるボルシェヴィキが１９１７年に革命で政権を打ち立てた。これは本当は革命ではなく非合法のクーデターであったが、当時は様々な政党がロシアには合法的に存在し、ソ連政府にも初期段階では、左翼社会革命党という同じく革命政党が政権に参加していた。しかし、ソ連の成立を「連立政権の誕生」とはふつう言わない。ロシアの左翼社会革命党は１９１８年の段階でソ連政権から離反、レーニン政権に反対してテロ活動まで行い、徹底的に弾圧された。他の諸政党が、ロシアの将来の民主化のために期待をかけていた「憲法制定会議」も、レーニンの暴力的弾圧で解散させられた。こういう大局を見れば、中国もソ連も、「共産党（独裁）政権」というくくりで中学生に教えて何ら問題はない。

歴史を専門的に学ぶ場合は、必要かも知れないが、中学生がまず大きく現代史をたどる時、中国で１９４９年10月１日に成立したのも、１９１７年にロシアで成立したのも、共産党政権だと学ぶことに何の問題もない。また、仮に「連立政権」であると言ってみたとしても、それが「共産党政権」であるという本質的な性格付けと矛盾するものではなく、それを排除するものでもない。これは教科書調査官が、ことの本質を覆（おお）い隠す「木を見て森を見ない」屁理屈（へりくつ）の徒であることをよく示す事例である。

○義務教育諸学校教科用図書検定基準　＜４＞

*232ページより続く。

第2章　教科共通の条件（続き）

3　正確性及び表記・表現

（1）　図書の内容に、誤りや不正確なところ、相互に矛盾しているところはないこと（(2)の場合を除く。）。

（2）　図書の内容に、客観的に明白な誤記、誤植又は脱字がないこと。

（3）　図書の内容に、児童又は生徒がその意味を理解し難い表現や、誤解するおそれのある表現はないこと。

（4）　漢字、仮名遣い、送り仮名、ローマ字つづり、用語、記号、計量単位などの表記は適切であって不統一はなく、別表に掲げる表記の基準によっていること。

（5）　図、表、グラフ、地図などは、教科に応じて、通常の約束、方法に従って記載されていること。

第3章　教科固有の条件

【各教科】

［社会科（「地図」を除く。）］

1　選択・扱い及び構成・排列

（1）　小学校学習指導要領第2章第2節の第2「各学年の目標及び内容」の〔第6学年〕の3「内容の取扱い」の（3）のイについては、選択して学習することができるよう配慮がされていること。

（2）　図書の内容全体を通じて、多様な見解のある社会的事象の取り上げ方に不適切なところはなく、考えが深まるよう様々な見解を提示するなど児童又は生徒が当該事象について多面的・多角的に考えられるよう適切な配慮がされていること。

（3）　未確定な時事的事象について断定的に記述していたり、特定の事柄を強調し過ぎていたり、一面的な見解を十分な配慮なく取り上げていたりするところはないこと。

（4）　近現代の歴史的事象のうち、通説的な見解がない数字などの事項について記述する場合には、通説的な見解がないことが明示されているとともに、児童又は生徒が誤解するおそれのある表現がないこと。

（5）　閣議決定その他の方法により示された政府の統一的な見解又は最高裁判所の判例が存在する場合には、それらに基づいた記述がされていること。

（6）　近隣のアジア諸国との間の近現代の歴史的事象の扱いに国際理解と国際協調の見地から必要な配慮がされていること。

（7）　著作物、史料などを引用する場合には、評価の定まったものや信頼度の高いものを用いており、その扱いは公正であること。また、法文を引用する場合には、原典の表記を尊重していること。

（8）　日本の歴史の紀年について、重要なものには元号及び西暦を併記していること。

＊以上、抜粋終わり。第3章1の(6)は「近隣諸国条項」という通称で知られている。

9

揚げ足取りと難クセで「欠陥箇所」量産
あの手この手の検定不合格工作

事例 87

聖書とユダヤ教 誰が聖書とキリスト教は無関係と誤解するのか

52

一神教の登場とキリスト教　遊牧民族のヘブライ人（古代ユダヤ人）は、地中海東岸のパレスチナに定住するようになり、**一神教**の神を民族神としました。彼らはバビロニア王国に滅ぼされ、多くは首都バビロンに強制移住させられましたが、紀元前６世紀に解放され、エルサレムに神殿を建設しました。ここに、唯一神を信仰するユダヤ教が成立し、その教義を『聖書』に記録しました。

紀元１世紀初頭、パレスチナの青年**イエス**が神の愛と許しを説いて、ユダヤ教徒の一部からキリスト（救世主）と崇められました。当時パレスチナを支配していたローマ帝国の総督は、イエスを十字架刑に処しましたが、イエス信仰はやまず、イエス信徒たちはキリスト教団をつくりました。迫害された信徒たちは、パレスチナから離散して熱心に布教したため、**キリスト教**はやがてローマ帝国の国教となり、ヨーロッパ全域に広がって、国家や民族の枠をこえて信仰される世界宗教となりました。

［指摘事項］教科書 P28-29

【指摘事由】

生徒が誤解するおそれのある表現である。

（『聖書』の教義がユダヤ教のみで用いられるかのように誤解する）

これはもはや、噴飯ものの「指摘」といわざるを得ない。

クレームがついたのは第１章第５単元「宗教のおこり」中、古代、へブライ人の間に一神教が生まれたことを指摘したあと【ここに唯一神を信仰するユダヤ教が成立し、その教義を『聖書』に記録しました】とした記述に対してである。

自由社の反論に対する認否書ではさらに、「『聖書』とキリスト教との関係を読み取ることができず、ユダヤ教とのみ関係するかのように誤解するおそれがある」とまで指摘している。

だが、たとえ中学生といえども、誰が聖書とキリスト教とが無関係で、ユダヤ教のみの聖典だと思うだろうか。

蛇足（だそく）ながら、聖書のうち、キリスト教成立以前の歴史や教えを書いたのが旧約聖書、イエス・キリストや弟子たちの行動や教えを記したのが新約聖書とされている。キリスト教を認めないユダヤ教にとっては、旧約のみが「聖書」であり、キリスト教においては旧約、新約とも「聖書」としている。

こうしたことから、「ユダヤ教がその教義を『聖書』に記録した」との表現は生徒に何らの誤解も与えない。

そのことが分かっていながら、教科書調査官があえてこれを「欠陥箇所」とすることは、明らかに自由社教科書を不合格とするための難クセとしか言いようがない。

事例 88

71

「ヤマト王権」ではいけない？漢字表記は旧国名と混同するのに

歴史の言葉　❹大和朝廷

朝廷の「廷」の字は大きな壇上に人が立つ様のことで、「朝廷」とは日の出とともに大きな壇上で臣下を前に君主が執務を始めた場所を指します。

近年では、大和朝廷の実態は豪族連合であり、「朝廷」の語を使うと整備された国家機構があったと誤解される恐れがあるとして、「大和政権」または「ヤマト王権」とする用語も使われています。カタカナ書きは、地名との混同を避けるためです。

『古事記』には、「大和は国のまほろば（住みよい、素晴らしいところ）」という歌が載っています。

［指摘事項］教科書 P36

［指摘事由］

生徒が誤解するおそれのある表現である。

（「ヤマト」の意味）

3世紀後半から近畿地方に特に巨大な古墳がつくられているので、この時期、大きな政治的勢力が成立したことが分かってきたが、旧国名「大和」の表記は、生徒に奈良県を限定的に想起させる。

ヤマト王権は、盟主である大王（オオキミ）と、各地の有力豪族が中心となってできた連合政権である。

その成立過程は、

①近畿地方の邪馬台国（やまたいこく）が築いた

②九州地方の邪馬台国が東の近畿地方に移動した

③近畿地方の勢力が邪馬台国を滅ぼすか併合してできた

など諸説あるが、いずれも奈良県に限定されず広範囲にわたる勢力をもつ政権（王権）であったことが明らかとなっている。そのため、漢字表記による旧国名との混同を避けるためカタカナ表記とした。もちろん、「ヤマト」にも地名の意味が含まれることは理解しているが、漢字表記よりも弱いと判断した。

日本の国名は、古来より「倭」や「日本」もヤマトと読まれている。「大和」と表記を限定することにより、かえって「生徒が誤解するおそれのある表現」であると考えられる。反論認否書ではヤマトには地名の意味もあるとしているが、それは答えとなっていない。

事例 89

「大化」以前の年代の表し方ホンネは「元号はいらない」か？

17

◉干支について

大化以前の歴史について『日本書紀』には「干支」で年月を表した記述もあります。「干支」は古代から中国、日本、朝鮮の東アジアで共通して使われていた数の表し方です。

〈甲・乙・丙・丁・戊・己・庚・辛・壬・癸〉の十干と、〈子・丑・寅・卯・辰・巳・午・未・申・酉・戌・亥〉の十二支を「甲と子」「乙と丑」といったように60通りの組み合わせをつくり、＜干支順位表＞のように順番をつけることで、年月日や時刻、方位を表す方法です。

［指摘事項］教科書 P10

［指摘事由］

生徒が誤解するおそれのある表現である。（『日本書紀』が大化以後の歴史について「干支」で年月を表していないかのように誤解する）

序章の第２節「年代の表し方と時代区分」の中で、645年、初めて「大化」という元号が用いられたという事実を記載。その流れの中で「大化以前の歴史について『日本書紀』には『干支』で年月を表した記述もあります」と書いた。元号について学んだ生徒の「それなら元号ができる前にはどのように年月を表していたのか」という当然の疑問に答えるための記述だった。事実『日本書紀』は、神武天皇の即位を「辛酉年春正月庚辰の朔」だったと干支を交えて年月日を書いている。

何の問題もない記述だが、指摘はこの文と関係ない「大化以後」についてである。ところが著者側の反論に対しては「大化以後にも干支が使われたかどうかを記述することを求めた指摘ではない」と、まるで最初の指摘を否定するような理由をつけ却下している。「支離滅裂」であり、調査官の考えが混乱しているとしか思えない。

代わりに調査官らがほんとに言いたいことを推測して見ると、「元号」を大きく取り上げていることが気に入らないということではないか。本教科書は、序章で「元号とは」という項目を立てたほか、巻末には「大化」から「令和」までの全元号を表にしている。だが調査官らは「このグローバル化の時代に元号なんていらない。西暦だけで十分」と言いたいのかもしれない。

「令和」発表のときの国民の反応でも分かるように、日本人や一部の外国人も含め元号への関心は極めて高い。それは日本の歴史や独自の文化に対する関心の高まりを表しており、教科書がきちんと教えるのは当然の任務だ。

事例 90

院政と税の免除 歴史の深みを理解しない指摘

68

［指摘事由］

生徒が誤解するおそれのある表現である。
（税を免除する主体）

そもそも院政とは朝廷の権威の下に成立した政治形態である。律令官制の外側にあるように見えるが、幕府と同じ律令官制の中で位置づけられるイレギュラーな政治といえる。指摘はこうした歴史の深みを理解せず、形式論に立ったクレームといえる。

院自体が引退して後継者に譲った太上天皇のことであり、太上天皇が略されて「上皇」となり、さらに頼山陽の『日本外史』で「院政」という言葉を使用して以降確立した用語である。かつて天皇であった者が天皇に代わり政務を執行する形だ。天皇は律院政が始まると、白河上皇は、税の免除などの特権を荘園に与えたので、多くの荘園が上皇のもとに集まりました。また、上皇は平氏を中心とする武士団を、「北面の武士」として院の警護に重く用いたので、武士の台頭をうながしました。また、荘園の寄進を受けた寺社勢力も上皇の保護のもと、僧兵（武装した僧）をかかえて勢力を広げました。

［指摘事項］教科書 P71

令官制に中でも位置づけられる存在であるが、そのために律令官制外のことには対応しにくい。荘園の登場は律令官制の公地公民とは相容れない。

院政は現実に進みつつある荘園という私有地の増加に対応した朝廷の変化とも考えられる。幕府は平時に対して有事の臨時職である征夷大将軍の軍政の権利を常態化したのに対し、院政は公地公民制が私有地の増大によって崩れたことに対処するための、律令官制の対応変化とも言えるのである。

従って天皇であったことが院の正統性の第一の証であって、律令官制の公地公民の原則からは外れても、朝廷抜きでは考えられない。基本は朝廷の中で存在しているのだから免税特権の付与も朝廷内での天皇の代行としての行為にすぎないわけである。

事例 91

154 フビライの国書 国語力のない者の曲解

⑦フビライの国書 (1268 年)

わが祖先が天下を領有して以来、その威を恐れ徳を慕う異国は数え切れない。高麗もわが東の藩属国として、あたかも君臣、父子のようにしている。日本は高麗に近接し、過去には中国と交流していたようだが、朕が即位してからまだ一度も使いをよこさない。武力を用いるのは朕の本意ではないが、日本の王は、その点よく考えよ。

（「蒙古国牒状」）

［指摘事項］教科書 P79

［指摘事由］

生徒が誤解するおそれのある表現である。

（原文との比較）

フビライからの牒状の内容は次のとおりである。

「上天眷命せる大蒙古国皇帝が書を日本国王に奉ず。朕が思うに、いにしえより小国の君主は国境が相接していれば、通信し親睦を修めるよう努めるものである。まして我が祖宗は明らかな天命を受け、区夏を悉く領有し、遠方の異国にして我が威を畏れ、徳に懐く者はその数を知らぬ程である。朕が即位した当初、高麗の罪無き民が鋒鏑に疲れたので命を発し出兵を止めさせた。高麗の君臣は感謝し敬い来朝した。義は君臣なりというがその歓びは父子のようである。この事は王の君臣も知っていることだろう。高麗は朕の東藩である。日本は高麗にごく近い。また開国以来時には中国と通交している。だが朕の代に至っていまだ一度も誼みを通じようという使者がない。思うに、王国はこの事をいまだよく知らないのではないか。ゆえに特使を遣わして国書を持参させ朕の志を布告させる。願わくは、これ以降、通交を通して誼みを結びもって互いに親睦を深めたい。聖人は四海をもって家となすものである。互いに誼みを通じないというのは一家の理と言えるだろうか。兵を用いることは誰が好もうか。王は、其の点を考慮されよ。不宣」

この中で修飾的な部分を抜かして、この部分を簡単に要約している表現としては適切で誤解を生むわけがない。これが原文の趣旨と一致していないと考えるのであれば、国語力がない者の曲解である。

事例 92

時宗は「全国」に呼びかけなかったのか？全国規模で御家人がたたかった元寇

153

❻北条時宗（1251 ～ 84）
時宗はフビライの要求を拒否し、全国の御家人に戦う準備をよびかけました。（神奈川県・円覚寺蔵）

［指摘事項］教科書 P79

［指摘事由］

生徒が誤解するおそれのある表現である。

（「全国の御家人」）

「呼びかけた」のと、「動員した」のと、「派遣した」のと、「戦闘に加わった」のはすべてイコールではない。しかも中世と近現代の差も大きい。中世は近現代ほど厳密な形で、呼びかけ、動員、派遣、戦闘参加が分かれていたわけでなく、また各々の分野でも100パーセント正確な数字ではない。

戦闘に加わったのは九州の御家人が中心であった。また九州だけでなく山陰道、山陽道、四国などが動員の主体であったのも事実である。しかし九州などの西国だけでなく、北条時宗は鎮西に所領を持つ東国御家人に鎮西に赴くように命じ、さらに東北の安東水軍まで派遣している。

派遣レベルでみれば『鎌倉遺文』の「二階堂文書」では相模国を本貫にしている二階堂氏に九州の所領を守るよう命じたことがわかる。さらに派遣されただけでなく千葉氏のように東国御家人には九州に土着した者もいて、代表的な存在には肥前千葉氏の祖となった千葉頼胤がいる。さらに『兼光卿記』には鎌倉から北条時貞、式部大輔時広が鎮西に向かうと記されている。

また九州に所領を持つ場合は非御家人も動員されていて、御教書「異国の防御」により寺社、幕府と主従関係を結んでいなかった一般荘園公領の荘官以下住人（本所領家一円地の住人）も異国防御に動員していることが安芸守護・武田信時への動員命令からもわかる。

さらに関東だけでなく東北の津軽半島北西部の十三湊に根拠地があった安東水軍まで派遣対象で、１２６０（文応元）年には壱岐に安東館が築かれ、文永５（１２６８）年には十三湊から筑紫に向けて安東水軍の大船21艘が出港して戦闘にも加わっている。

従って時宗がほぼ全国規模で呼びかけたという表現は、文科省が指摘するような間違いではなく、適切である。

事例93

鎌倉幕府と「二つの血統」教科書調査官の指摘は理解不能

175

◉大覚寺統と持明院統

鎌倉時代中期から皇室では亀山天皇の子孫の大覚寺統と後深草天皇の子孫の持明院統と呼ばれる2つの血統がありました。そこで鎌倉幕府は、それぞれの血統から交代で天皇に即位するように仲介しました。

しかし、大覚寺統から即位した後醍醐天皇は幕府が皇位の継承に介入することは本来の姿ではないと考えました。後醍醐天皇は、鎌倉幕府の政治に反発する武士たちと結びつくことで皇位継承に影響力を持つ幕府を滅ぼし、大覚寺統の血統で皇位を継承していくことを決めました。

［指摘事項］教科書 P94

［指摘事由］

生徒が誤解するおそれのある表現である。

（「2つの血統」と、鎌倉幕府が仲介することとの関係）

なにが疑問なのかが不明な指摘である。後嵯峨天皇の第三皇子である後深草天皇の子孫・持明院統と、第四皇子の亀山天皇の子孫・大覚寺統という両統の存在は、鎌倉幕府とは無関係な朝廷内の問題として発生している。鎌倉幕府は積極的にではなく、後嵯峨上皇の遺言によってさじを預けられた形で仲裁に乗り出さざるをえないことになっている。

「文保の和談」での鎌倉幕府の態度は非介入であったが、「治天の君」をめぐる後深草上皇と亀山天皇の対立として尾を引き、1275（建治元）年に「承久の乱」以来の慣行に従って鎌倉幕府は再度仲裁をはかる。

このときには後深草上皇が有利な裁定となる。『増鏡』では執権・北条時宗が後深草上皇の立場に同情したためとされているが、関東申次・西園寺実兼が後深草上皇・伏見天皇父子と親しかったためとも言われている。

そして1301（正安三）年、幕府は両統迭立を公式な方針とした。なぜ両統迭立にしたかについても諸説あるが、いずれにしても教科書の表現としては適切なものである。

事例 94

秀吉の刀狩りの記述は矛盾しているか？ コラムの意図を理解しない嫌がらせ

226

【さくらさんのノート　①について】

「刀狩が行われるまでは、武士以外の農民や僧たちも武器を持っていたわけだから、しばしば土一揆や宗教一揆が起こった。また武士同士の争いに農民たちまで巻き込まれ、農村の生産性が落ちることもあった。

刀狩によって農民は耕作に専念する代わりに、武器を独占する武士たちがその安全を保障する制度が確立し、江戸時代の平和で安定した社会をもたらしたといえる」

［指摘事項］教科書 P145

知っ得ポイント！

秀吉の刀狩の実態

刀狩令は農民からすべての武器を没収するとしています。しかし最近の研究では、没収は刀や脇差（わきざし）を中心に行われ、弓矢や槍、鉄砲など刀以上に威力のある武器が多く農村に残されていたことがわかっています。このことは秀吉の刀狩の意図が、農村を非武装化（ひぶそうか）し一揆を防ごうとするよりも、武士とそれ以外とを区別する兵農分離（へいのうぶんり）にあったことを示しています。逆にいえば、武士にだけ刀を持たせることにより、軍事に専念することの自覚と誇りをもたせようとしたといえます。

［指摘事項］教科書 P114

［指摘事由］

生徒にとって理解し難い表現である。

（１１４ページ左囲み「知っ得ポイント！　秀吉の刀狩の実態」との関連）

教科書１１４ページのコラム「秀吉の刀狩の実態」では、これまでの歴史教科書ではほとんど取り上げられることのなかった刀狩の実態を紹介した。刀狩令によって百姓はあらゆる武器の所有を禁じられたが、実際には、農業で害獣を追い払うためのものや狩猟に使用するための槍（やり）や鉄砲など、必要最低限の武器が手元に残されていたという事実である。

しかし、このことは杓子定規（しゃくしじょうぎ）に刀狩令が適用されたわけではなかったことを解説しているのであって、武士と百姓の役割分担を否定する意図のコラムではない。

文科省は教科書１４５ページの「刀狩によって農民は耕作に専念する代わりに、武器を独占する武士たちがその安全を保障する制度が確立し」とする記述について「理解し難い」と指摘するが、合わせて読めば内容に矛盾はなく、十分に理解可能である。

事例 95

武士の政治的発言力の増大　教科書の「武士の成立」記述に矛盾なし

182

［指摘事由］

生徒にとって理解し難い表現である。
（軍事や治安を軽んじたことと、武士の政治的発言力が強まることとの関係）

公的な軍事力が減少することで治安が悪化し、それが我が身を守る私的軍事力の台頭につながり、他に軍事力があまり見られなければその私的軍事力がウルティマラティオとして政治的にも影響力を持つのは否定する理由がないほど、あまりにも明白なことである。この流れは以下のようなものになる。

古代の豪族は軍事力を有する存在であった。しかし律令（りつりょう）制の公地公民の原則は私的軍隊でなく公的な軍事力をもたらす。これが国軍の創設である。

中国大陸の唐の力が弱まり、日本が侵攻される危険が薄れたのね。すると朝廷は、軍事や治安を軽んじはじめたんだわ。貴族の勢力争いが激しくなり、院（上皇の役所）が武士を重く用いたので、武士の政治的発言力が強まったんだわ。

［指摘事項］教科書 P100

平安時代になっても国家機構を通じての徴兵があり、その名残はあったが、桓武天皇の時代に一部地域を除いて常設の軍団は廃止されていた。これは公地公民の原則が崩れだして兵の徴用が難しくなったこと、外敵の存在があまり感じられなかったことによる。それでも「健児の制」をとり、必要に応じて国衙が国内の各戸から兵を徴発したり健児を動員したりしていた。

やがて国単位で押領使・追捕使を任命して、国内の武勇者を国衙・押領使・追捕使の指揮下に入れる形に変換した。この押領使・追捕使が武士の初期の存在につながっていく。

武士には在地地主と下級の軍事貴族という出自があったが、関東などでは領有する土地をめぐって争いが起こりやすく「自力救済」という形で私闘が行われる。また当時の軍隊は警察力の役割もあったが、国軍が不在であることは盗賊などの暗躍をもたらし、治安はかなり悪化していた。

各地に武士団ができあがると、自らは軍事力を有さない古代豪族の末裔の貴族や院が武士を雇い入れるようになる。治安の悪化に対応して我が身のみならず屋敷・家財・家族などを守らせるためである。院の御所を警護する「北面の武士」が代表的な存在である。

当初は雇われて警護する存在であった武士が政局を左右するに至ったのは、朝廷内と摂関家内での権力抗争を、武士という軍事力で決した「保元の乱」からである。『愚管抄』ではここから「武者の世」が始まったと記されているが、軍事力が政局を左右することが赤裸々に示されたため武士の発言力が強まり、信西のような院の近臣が積極的に平清盛の取り込みをはかるなどしていくようになっていく。

以上を要約したなら、記述は当然の表現であり、十分に理解できる。

事例96

「誰も読めなくなっていた古事記」揚げ足取りで本居宣長の業績を冒瀆

217

［指摘事由］

生徒が誤解する恐れがある表現である。

これは「『古事記』をよみがえらせた本居宣長（もとおりのりなが）」と題する人物コラムの全体に対するクレームである。コラムは、漢文と、日本の古語を漢字の読みで表した万葉仮名（まんようがな）を交えた和漢混淆文（わかんこんこうぶん）で書かれた古事記が、古語が使われなくなった江戸時代には、ほとんどの人が読めなくなっていたと指摘し、宣長が35年間の血のにじむような努力で「古事記」を解読した「功績」を紹介している。

このコラムがどうして生徒を誤解させるのか、意味不明だったが、著者側の問い合わせに対する調査官の答えは「神主には（古事記を）読めた者もいたらしいですよ」だ

◉誰も読めなくなっていた『古事記』

江戸時代の国学者、本居宣長が、その生涯をかけて研究したのは『古事記』でした。『古事記』は奈良時代初頭の712年、太安万侶が編纂したとされる現存する日本最古の史書です。720年に完成した勅選国史の『日本書紀』と同様、神話から古代天皇の事跡を記していますが、この2書の書きぶりには大きな違いがありました。

片仮名や平仮名もなかった時代、『日本書紀』は古い記録や言い伝えを、漢文に「翻訳」して書かれています。漢文の素養があれば、誰でも読みとくことができました。これに対し『古事記』は、日本の古語を漢字の読みで表した万葉仮名を交えた和漢混淆文で書かれています。しかしこの古語は江戸時代になるとほとんど使われておらず、どんな意味なのか、わからなくなっていました。ですから当時、『古事記』はほとんどの人には読めなくなっていたのです。

［指摘事項］教科書 P134

った。つまり「ほとんどの人には読めなくなっていた」の部分に対するクレームだったのである。

だが、具体的にどの神主が読めたのか、その論拠も示さずに、レアケースをもとに一般論を否定するのは、教科書調査官の風上（かざかみ）にもおけない暴挙である。百歩譲って中に読める者がいたとしても、その意味を解釈する者は国学者の中にもいなかった。だからこそ宣長は人生の多くを解読にさいたのである。

クレームには教科書調査官の「悪意」も感じられる。

宣長は「漢語に翻訳された『日本書紀』ではなく、古い日本語で書かれた『古事記』を読まなければ古代の日本人の心はわからない」と古事記に取り組んだ。

だが古事記＝神話、神話＝復古、復古＝悪という固定観念から抜け出せない調査官にとって、『古事記』をよみがえらすなど余計なことであり、宣長の業績など教科書で取り上げるべきでないと考えたのだろう。古代日本に対する冒瀆（ぼうとく）ではないか。

事例 97

壬午事変と日本への反発「朝鮮をめぐる日清の抗争」の文脈を見よ

273

［指摘事由］

生徒が誤解するおそれのある表現である。

（壬午事変の原因）

壬午事変は、朝鮮の閔氏政権が日本の軍人を教官として近代的軍隊を創設しようとしたため、失業する旧軍兵士らが教官の日本人軍人を殺害するなどした事件である。だから、検定は「日本への反発だけでなく閔氏政権への不満があったことも書け」と言いたいのだろう。それはその通りである。反乱した軍人の後ろには閔氏の政敵大院君がいたから、朝鮮国内の権力闘争でもある。しかし、日本公使館をも襲っていることを見ても、アジアでいち早く軍の近代化を成功させた日本への反発があったことも

朝鮮をめぐる日清の抗争

1875（明治8）年**江華島事件**が起き、日朝が対立しました。1882（明治15）年には、一部の朝鮮軍人が日本に反発して暴動を起こしました（壬午事変）。宗主国である清は、数千の軍隊を派遣してただちに暴動を鎮圧し、日本の影響力を弱めました。1884（明治17）年には、日本の明治維新にならって近代化を進めようとした**金玉均**らのクーデターがおこりましたが、このときも清の軍隊は、これを鎮圧しました（**甲申事変**）。

［指摘事項］教科書 P000

否定できない。仮にそれが政治的に利用されたのだとしても。

もともと、この項は、「朝鮮をめぐる日清の抗争」がテーマである。壬午事変を日本ではなく清が鎮圧してしまったことで、朝鮮をめぐる日本と清国との主導権争いが強まり、これが日清戦争の遠因ともなったことを伝えることが目的である。歴史を俯瞰すると、十年後の甲申事変と合わせ、日清抗争の歴史の中での日本側の敗北として位置づけられる。それを超えて、事変の詳しい原因や経過、当時の朝鮮国内の権力闘争に踏み込んで書くことは難しい。

だから、指摘は改善意見としては従うことにやぶさかではないが、欠陥箇所とするほどの誤りとまではいえないのではないか。

事例 98

開戦を聞いた文化人の声　坂口安吾
「小説」にも史料価値はあり得る

336

［指摘事由］

史料の扱いが公正でない。
（引用された史料は小説である）

事例 99

開戦を聞いた文化人の声　坂口安吾
引用文中の省略を許さない手製の新ルール

336

［指摘事由］

生徒が誤解するおそれのある表現である。
（中略部分の存在が示されていない）

❻ 開戦を聞いた文化人の声

永井荷風（作家）「日米開戦の号外出づ。…余が乗りたる電車乗客雑沓せるが、中に黄いろい声を張り上げて演舌（説）をなすものあり」

高村光太郎（詩人・美術評論家）「この刻々の瞬間こそ後の世から見れば歴史転換の急曲線を描いている瞬間だなと思った。時間の重量を感じた」

古川ロッパ（喜劇俳優）「ラヂオ屋の前は人だかりだ。切っぱつまっていたのが開戦と聞いてホッとしたかたちだ」

坂口安吾（作家）「必ず、空襲があると思った。敵は世界に誇る大型飛行機の生産国である。ハワイをやられて引っ込んでいる筈はない。果たして東京に帰ることができるのであろうか」

［指摘事項］教科書 P239

欠陥箇所はいずれも大東亜戦争に関連する「開戦を聞いた文化人の声」というコラムの中の坂口安吾の項につけられたクレームである。

事例16では、「引用された史料は小説である」とのクレームがつけられている。坂口安吾の「声」は、他の三人が開戦を肯定的あるいは冷静に受けとめているのに対し、悲観的に見ていた数少ない例としてバランスをとるため取り上げた。引用した「真珠」は「昭和文学全集4」の「12月8日の記録」に収録されている。ここでは「記録」、つまりノンフィクションとして収録されているのであり、「史料」としての価値はあり得る。

教科書調査官は歴史教科書で「小説」からの引用は一切認めない方針のようだが、小説にも様々な類型がある。日記風の私小説や司馬遼太郎氏の歴史小説のように綿密に史実を調べあげたものもある。本文はともかく、コラムからも一律に排除しては、教科書は無味乾燥（むみかんそう）なものとなる。

事例17では、引用部分に中略があってはならないという、教科書調査官がこしらえた「新ルール」の適用である。しかし中略部分といっても、「四方に基地も持っている」「多分、敵の編隊は、今、太平洋上を飛んでいる」のわずか32字分であり、文全体には全く影響はない。中略部分の明示がなくとも、生徒が誤解するおそれはない。

また、中略をせず全文を載せれば坂口安吾の「声」だけが他の文化人の「声」に比べずば抜けて長くなり、バランスを欠くことになる。教科書編集の実際を知らない「意見」だ。

事例 100

沖縄戦の犠牲者数９万４０００人 沖縄県のデータも欠陥なのか？

349

1沖縄の海軍司令官大田実少将は「沖縄県民かく戦えり。県民に対し後世特別の御高配あらんことを」という電報を打ち、自決しました。日本軍の死者約9万 4000 人を出す激戦の末、6月 23 日、沖縄は占領されました。

2アメリカのルーズベルト大統領は、1945 年 4 月に急死したので、代わってトルーマン大統領が出席しました。イギリスのチャーチルも会談期間中に総選挙で敗北し、アトリーが首相になりました。

［指摘事項］教科書 P244

［指摘事由］

不正確である。
（「日本軍の死者」）

大東亜戦争末期の昭和20年3月23日、アメリカ軍は沖縄本島への空襲を開始した。沖縄戦のはじまりである。

4月には沖縄本島の中部にアメリカ軍が上陸し、沖縄本島を南北に分断。日本軍は、アメリカ軍を内陸に引き込む持久戦で抵抗し、民間人にも多数の犠牲者が出ることとなった。６月23日に司令官牛島満（うしじまみつる）中将が自決し、およそ3か月に及ぶ戦闘は終了した。

軍民ともに多数の犠牲者を生んだ沖縄戦だが、その犠牲者数についての記述「日本軍の死者約９万４０００人」に文科省は「不正確」との指摘を行った。

沖縄戦の戦死者については沖縄県援護課が発表しているデータがある。これによると、県外出身日本兵６万５９０８人、沖縄県出身軍人・軍属２万８２２８人が犠牲となっている。

この数字の合計が９万４１３６人であり、「約９万４０００人」と記述した自由社歴史教科書の記述内容には問題がない。

文科省は、「戦没者」ではなく、「死者」と書いたことが不正確で欠陥と言いたいのだと考えられるが、これも揚げ足取りであろう。

■執筆者

藤岡信勝（執筆者代表）　海上知明　越後俊太郎　加瀬英明　加藤幸太郎
清原弘行　斎藤武夫　皿木喜久　杉原誠四郎　松浦明博　松木國俊
三浦小太郎　茂木弘道　山下英次

藤岡　信勝（ふじおか・のぶかつ）

1943（昭和18）年、北海道生まれ。教育研究者。北海道大学教育学部卒業、同大大学院教育学研究科博士課程単位取得。東京大学教育学部教授、拓殖大学教授などを歴任。教育学（教育内容・教育方法）専攻。95年、教室からの歴史教育の改革をめざし「自由主義史観研究会」を組織。97年、「新しい歴史教科書をつくる会」の創立に参加。現在、副会長。著書に『教科書採択の真相』（PHP新書）、『国難の日本史』（ビジネス社）、共著に『「ザ・レイプ・オブ・南京」の研究』（祥伝社）、『教科書が教えない歴史』（産経新聞ニュースサービス）ほか多数。

（一社）新しい歴史教科書をつくる会

1997（平成9）年1月30日設立。当時、中学校のすべての歴史教科書にいわゆる「従軍慰安婦」が記載される事態となり、それに憂慮した全国の有志が結集してつくられた教科書改善をめざす研究・運動団体。中学校用『新しい歴史教科書』／『新しい公民教科書』（自由社）の発行、普及を推進することで、日本社会に蔓延する自虐史観の払しょくを目指す。2013（平成25）年に一般社団法人化。

教科書抹殺　文科省は「つくる会」をこうして狙い撃ちした

2020年5月6日　第1刷発行

著　　者　藤岡信勝／新しい歴史教科書をつくる会
発 行 者　大山邦興
発 行 所　株式会社　飛鳥新社
〒101-0003　東京都千代田区一ツ橋2-4-3　光文恒産ビル
電話　03-3263-7770（営業）　03-3263-7773（編集）
http://www.asukashinsha.co.jp
装　　幀　神長文夫＋松岡昌代
印刷・製本　中央精版印刷株式会社

ISBN 978-4-86410-761-7

編集担当　工藤博海　川島龍太